Auto-confianza para chicas pre-adolescentes

5 Herramientas basadas en la confianza para construir tu propia imagen, mejorar tus habilidades sociales, ser más fuerte ,valiente y encontrar tu propio estilo

Marta Negrón

Traducción: Dinorah Peña Durán

Book interior layout: MyRemotePro on Fiverr

CONTENIDO

Introducción

¡HOLA, MI QUERIDA AMIGA!

La confianza es como llevar tu ropa favorita y sentirte magnífica con ella. Te miras al espejo y admiras todo lo que llevas puesto. Los colores, el estilo, cómo te queda y, lo más importante, cómo te hace sentir. Estás segura de que puedes entrar en cualquier habitación e iluminarla porque estás radiante. En ese momento, crees que puedes convertirte en esa chica que imaginas ser. Pero no tienes esa sensación cuando te quitas esa ropa. Tengo buenas noticias para ti; ¡te voy a enseñar a tener siempre confianza en ti misma! Con los secretos que te daré, te sentirás como si llevaras siempre tu ropa favorita. Pero en lugar de ropa, llevarás tu propia vestuario de confianza.

Permíteme presentarme, me llamo Marta Negrón, y escribí este libro porque trabajé como diseñadora de moda durante 27 años y había una cosa que notaba en las chicas que participaban en desfiles de moda. Las creativas tenían mucha confianza. ¡Vaya! Por lo visto, los chicas creativas tienen mayores niveles de confianza.

¡Fascinante! Una chica, en particular, llegó a ser muy querida para mí porque destacaba como una estrella brillante y resplandeciente, se llamaba Leonora, y la conocerás en el capítulo uno. Quiero que la conozcas porque quiero que me ayude a enseñarte a tener confianza en ti misma. Créeme cuando te digo que es realmente asombrosa.

Lo que me impresionó de Leonora es que no siempre ha tenido confianza en sí misma. Como muchas de las chicas que están leyendo esto, luchaba por integrarse entre sus amigas y sentía que tenía que vestirse y actuar de una determinada manera para gustar a los chicos y chicas de su escuela; no hacía contacto visual cuando conocía a chicos o chicas y no le gustaba probar cosas nuevas por si no se le daban bien. Pero la vida se volvió realmente divertida para Leonora cuando se dio cuenta de lo creativa que era y descubrió su propio estilo.

Así que me he asociado con Leonora para escribir este libro, y quiero darte un pequeño adelanto de las cosas que puedes esperar aprender en él:

- Aprende las cinco poderosas herramientas de confianza. Cómo desarrollar y dar vida a tu propio estilo único.

- Cómo dar rienda suelta a tu creatividad y volverte sensacional.

- Cómo mantenerte fiel a ti misma cuando tus amigas siguen a la multitud.

- Cómo sentirte confiada al hacer cosas con las que no te sientes cómoda.

- La importancia de tener los amigos y amigas que te animen y motiven.

Desarrolla la confianza que te hace ser valiente para convertirte en la chica espectacular que has nacido para ser. Quiero que trabajes para alcanzar tus mayores sueños con total confianza en que los harás realidad. No te preocupes; no lo harás sola; seré tu luz de guía, como una hermana mayor que te ayuda a superar los retos de convertirte en adolescente. Así que, si estás preparada para iniciar tu viaje de confianza, ¡"choquemos esos cinco" virtualmente! Vamos a convertirte en la mejor versión preadolescente de ti misma.

Capítulo 1

1

Yo voy a ser...
(nombra tu sueño)

"La confianza empieza en tu corazón, y de ti depende dejarla que brille." ~ Leonora

Hola, encantada de conocerte. Soy Leonora; me encanta conocer a chicas simpáticas, amables y fabulosas como tú. Tengo 11 años y me gustan muchas cosas, pero lo que más me gusta es utilizar mi cuaderno de bocetos para dibujar algunas de mis ideas de moda. Mi madre, Anna, es artesana, y me dice que la moda es una forma de arte que anima la creatividad y aumenta tu confianza. Antes no era muy segura, pero aprendí a crear mi propio estilo de moda utilizando la creatividad y la moda. Saber que me veo bien y me siento bien con mi propio estilo aumenta mi confianza. Mi madre tiene razón. ¡Deja que brille tu creatividad!

Te diré que me encanta llevar botines, y mi ropa favorita es una chaqueta de cuero negro falso y una camiseta con mis grupos favoritos en la parte delantera. Pero también me gusta mezclarlo todo. O si me siento un poco más a la moda, mezclo el look rockero y el hip-hop. Los pantalones hip-hop son muy cómodos y quedan genial con mi chaqueta de cuero o con cualquier otra chaqueta.

Pero lo que más me gusta es ayudar a amigas como tú a encontrar ropa genial con la que se sientan cómodas y a gusto. Mi sueño es crear mi propia línea de ropa algún día. La llamaré "Reina Mora", y estoy deseando que llegue el momento; sé que será totalmente mágico. Puede que estés pensando: "Suena como si tuvieras mucha ropa, y yo no tengo tanta ropa". Pero no necesitas demasiada ropa para expresarte y tener estilo.

Yo voy de compras con mi mamá para comprar parte de mi ropa con el dinero que ahorro de pasear perros por mi vecindario, ayudar a mis compañeros de clase con sus tareas de español y ayudar en casa haciendo cosas como cargar el lavavajillas, doblar la ropa, poner la mesa y, a veces, lavar los coches con mi padre o mi madre los fines de semana. Y tampoco tienes que comprar ropa cara, ¡algunas de mis prendas favoritas cuestan tan solo $5! ¿No es genial?

Sé que solo tengo 11 años (muy pronto cumpliré 12), pero puedo enseñarte todo lo que he aprendido y sé sobre moda. Me verás a lo largo del libro vistiendo nueve estilos diferentes de moda. Sé un poco de moda.

La chica que utiliza la confianza en sí misma como su mejor ropa

Estilo Rock

Cuanto más aprendo sobre estilos, más confiada me siento porque puedo ser y expresarme mejor. Ah, por cierto, escribí la frase del principio justo para ti, porque así es como empecé mi viaje hacia la confianza en mí misma.

Primero tomé la decisión de tener confianza en mi corazón y luego practiqué para creerlo. La tenista Sloane Stephens dijo: "Cuando tienes confianza en ti misma, puedes hacer cualquier cosa". Créeme cuando te digo que es verdad. Cuando yo no tenía confianza, ¡no podía haberme subido a la pasarela de un desfile de moda delante de 600 personas! Y por eso quiero que tú también tengas confianza para que puedas hacer cualquier cosa. Eso es todo lo que tengo que decir ahora; volveré a verte pronto. Ah, casi se me olvida decirte que también conocerás a mi superguapo perro. Se llama Rocco.

Sí, quiero que pienses en algunas de las cosas que harías si no tuvieras miedo de hacerlas. Usa tu imaginación y sueña tan lejos como te lleven tus sueños. Ahora escríbelos en un papel de la siguiente manera: " YO VOY A SER (nombra aquí aquello con lo que sueñas)". Puedes escribir tantas cosas como quieras. Después, quiero que dobles ese papel y lo pongas debajo de la almohada. Cuando te levantes por la mañana, léelo en voz alta, y haz lo mismo antes de irte a dormir por la noche. Déjame que te explique por qué debes hacer esto.

Hay un famoso comediante en la televisión que se llama Steve Harvey; un comediante cuenta muchos chistes y hace reír a la gente.

Cuando tenía unos nueve años, su entrenador de natación dijo a todos que se levantaran y dijeran a sus compañeros y compañeras lo que querían ser de mayores. Steve pasó al frente de la clase y, con una gran voz valiente, dijo a todos que quería ser comediante y salir en la tele. Su entrenador de natación no creía en los sueños, y le dijo que se dejara de tonterías y se le ocurriera algo que realmente fuera capaz de hacer.

Steve dijo que eso era lo que él quería hacer, y no escuchó a su entrenador de natación. Su entrenador de natación se molestó y lo comunicó a sus padres. Pero sus padres estaban de acuerdo con Steve y le dijeron que podía ser quien quisiera si estaba dispuesto a trabajar duro para conseguirlo. Así que su padre le dijo que escribiera su sueño en un papel y que lo leyera en voz alta al levantarse por la mañana y al acostarse por la noche. Y eso fue exactamente lo que hizo Steve.

¿Adivina qué? Hoy, Steve Harvey es todo un adulto, y es uno de los comediantes con más éxito en el mundo, ¡y sus programas están en la tele en todas partes! ¿Debo contarte cuál era su secreto? Él tenía confianza en sí mismo. ¿Quieres saber qué significa tener confianza? Sigue leyendo.

¿Qué es la confianza?

Por confianza se entiende que crees en ti misma. Sabes en qué eres buena y confías en que puedes aprender algo nuevo si quieres. Pero la confianza también significa aceptar que no eres buena en todo.

Por ejemplo, puedes saber que tocas bien un instrumento musical. Cuando el maestro te llama al frente de la clase para que toques la canción que has estado practicando, te levantas con orgullo y la tocas porque sabes que puedes hacerlo.

Por otra parte, puede que te des cuenta de que tú no eres muy buena cantante, pero tu amiga sí. No estás celosa de ella porque eso es lo que se le da bien, y a ti se te da bien tocar un instrumento musical. Ambas tienen sus cualidades únicas, tú te alegras por ella y ella se alegra por ti. La confianza también significa aceptarte a ti misma por lo que eres y por cómo eres.

Lo que no es la confianza

Hay algunas cosas que te podrían parecer una muestra de confianza, pero no lo son. Te diré cuáles son:

Ser poco amable: ¿Conoces algún "bully" en tu escuela? Van por ahí como si fueran los dueños de la escuela. Se sientan al fondo del salón y causan muchas distracciones.A veces el maestro tiene que echarlos porque hacen las cosas difíciles para los demás. Insultan a los niños y, a veces, incluso les pegan. La mayoría de los niños tienen miedo de los acosadores por las cosas que hacen. Pues tengo buenas noticias para ti: ser antipático no te hace alguien con confianza en sí mismo. La verdad es que significa que no tienes ninguna confianza. Cuando los niños son poco amables, significa que se sienten mal consigo mismos. En realidad, deberías sentir lástima por los intimidadores. A veces actúan así porque ya les han acosado antes, y la única forma que tienen de superarlo es acosando a otros niños.

Ser escandaloso: No hay absolutamente nada malo en ser ruidoso, algunas personas tienen voces más altas que otras, y eso está bien.

Pero algunas personas son ruidosas a propósito porque quieren ser el centro de atención. Quieren que todo el mundo se fije en ellas, y si alguien recibe más atención que ellas, se vuelven aún más ruidosas. Querer que todos te miren no es tener confianza; es llamar la atención.

Ser presumido: Una persona presumida es alguien que se cree mejor que los demás por lo que posee. Por eso, cada vez que consiguen algo nuevo, corren a contárselo a todo el mundo. Pero no lo hacen porque estén entusiasmados, sino porque quieren dar envidia a todo el mundo. Es maravilloso contar a tus amigos y amigas tus buenas noticias, pero díselo por las razones correctas.

Ser extrovertido: ¿Has conocido alguna vez a alguien que siempre parece animado? Son el alma de todas las fiestas, y todos quieren estar cerca de ellos porque tienen muy buenas energías. Tener una personalidad extrovertida es una cualidad excelente, pero no significa que tengas confianza. Algunas personas extrovertidas no tienen confianza, pero tener una personalidad extrovertida resulta aún más atractiva cuando sí tienen confianza.

¿Por qué es importante tener confianza?

Después de leer qué es la confianza, seguro que te parece genial. ¿Quieres tener confianza? Si estás sola en este momento, grita: "¡SÍ! ¡QUIERO TENER CONFIANZA!". La confianza es fantástica, hay muchas razones para ello, y te diré cuáles son.

No te rendirás: Cuando sabes que eres buena en algo y que has nacido para ello, nunca te rendirás. ¿Recuerdas lo que te conté sobre Steve Harvey? No le resultó fácil convertirse en comediante; mucha gente decía que no era lo bastante bueno y no le daban trabajo. Pero siguió intentándolo y, al final, alguien le dio una oportunidad, y así se hizo famoso. A veces encontrarás obstáculos y retos que dificultarán un poco tu sueño. Recuerda, no te des por vencida. Siempre recuerda tus sueños.

Tendrás menos miedo: ¿A veces piensas: "No puedo hacerlo" o "Eso es demasiado difícil para mí"? No te preocupes; todo el mundo se siente así, incluso las personas que están realmente confiadas en ellas mismas. La diferencia entre las personas con confianza y las que no la tienen es que las personas con confianza se hablan a sí mismas con su voz interior mágica. Cuando se preocupan y empiezan a decir cosas como: "No puedes hacerlo", su voz mágica dice: "Sí, puedo hacerlo", y entonces siguen adelante y lo hacen aunque todavía estén un poco temerosas. Tú también tienes esa voz mágica, solo tienes que usarla.

Mejores relaciones: ¿Quieres tener mejores relaciones con tus seres queridos? La confianza te ayudará a conseguirlo porque, cuando tienes confianza, dejas de pensar en tus inseguridades y puedes disfrutar de la compañía de los demás. Cuando no estás segura, haces cosas como evitar a la gente, y actuar así puede dificultar que tus amigos quieran estar cerca de ti.

¿Sientes que tienes una mejor comprensión de la confianza? Permíteme hacerte un breve recordatorio:

- La confianza es creer en ti misma y aceptarte.

- La confianza no consiste en ser antipática, escandalosa, presumida o extrovertida.

- Es esencial tener confianza porque significa que no te rendirás.

- Tendrás menos miedo, te sentirás fuerte y tendrás mejores relaciones.

En el capítulo dos, lo aprenderás todo sobre la primera herramienta de confianza de tu estuche de herramientas personales. Hablaré de cómo puedes mejorar tu confianza haciendo las cosas que no te hacen sentir tan bien. Te sorprenderá lo mucho que esas cosas que no te gustan pueden mejorar tu vida.

Capitulo 2

2

Siéntete incómoda y gana confianza

"Incómodo no significa malo, incómodo significa que estás haciendo algo que no habías hecho antes." ~ Joe Vita

Hola, amiga, en este libro conocerás cinco herramientas especiales que te ayudarán a ganar confianza. La primera herramienta consiste en salir de tu zona de confort, es realmente emocionante y, juntas, vamos a hablar de ella en este capítulo. ¿Estás preparada para conocer la primera herramienta especial que te ayudará a tener confianza? Excelente, vamos allá...

Para tener confianza hay que sentirse incómodo

Muy bien, ¿recuerdas que acabo de decir que la primera herramienta especial consiste en salir de tu zona de confort? En caso de que no estés segura de lo que eso significa, déjame ayudarte a entenderlo un poco un poco mejor. Estar incómoda significa básicamente que no estás a gusto. Suena muy sencillo, ¿verdad?

Pero déjame que te ayude un poco más. Digamos que estás en clase y un maestro hace una pregunta esperando que alguien la responda; tú no sabes la respuesta, así que no levantas la mano. Pero el maestro te llama por tu nombre y te pide que respondas a la pregunta.

En cuanto oyes tu nombre, empiezas a sentir un poco de miedo porque no sabes la respuesta. Pero como tu maestro puede ver que estás inseguro, intenta ayudarte dándote algunas ideas sobre cuál podría ser la respuesta. Al principio, sentías un poco de miedo porque no sabías la respuesta en absoluto, pero empezaste a sentirte un poco mejor porque ahora tienes algunas pistas sobre cuál podría ser la respuesta. Dices una cosa y no es la respuesta correcta, así que el maestro sigue dándote pistas hasta que aciertas. Cuanto más te acercas a la respuesta correcta, más confianza tienes. Eso es más o menos lo que se siente al sentirse incómodo. ¿Tiene sentido? Dejaré que Leonora te cuente más cosas sobre cómo sentirse incómoda te hace ganar confianza.

Hola, soy Leonora. Como dice Marta, sentirte incómoda te ayudará a ser más segura en ti misma. Deja que te cuente una historia. Poco después de encontrar mi estilo favorito, mi mamá y yo fuimos de compras, y yo llevaba una combinación muy bonita. Me sentía muy confiada porque me encantaba lo que llevaba. Una chaqueta vaquera con bordados, unas licras o leggings estampados, una camiseta y unos botines. Ese fue el día en que conocí a Marta; se acercó a mi madre, la saludó, se presentó y le preguntó si yo era su hija. Dijo que me veía muy bien y que le gustaría que participara en su desfile de modas. Le dije que sí de inmediato, pero mi mamá dijo que lo examinaría y Marta siguió su camino. Para no hacer el cuento largo, mi madre lo pensó y yo acabé asistiendo al desfile.

Aquel día fue increíble, pero al mismo tiempo estaba nerviosa porque nunca había participado en un desfile de modas. Me sentí muy INCÓMODA cuando llegué y vi a todos, me puse aún más nerviosa; ¡mi estómago daba vueltas! Pero en el fondo, sabía que podía hacerlo. Marta era la diseñadora del desfile, y fue ella quien me dijo que no pasaba nada por estar nerviosa. Que era normal porque era la primera vez que hacía un desfile de moda. Me dijo: "Leonora, cuando camines por la pasarela, piensa en algo que te guste hacer. Solo concéntrate en eso y sigue caminando. Tú puedes."

Todavía me sentía incómoda, y entonces llegó mi turno en la pasarela de mi primer desfile de modas. Caminé por la pasarela y empecé a imaginarme que iba en bicicleta. Pero entonces, como un milagro, todo el mundo empezó a animarme, y pude ver a mi mamá y a mis amigas entre el público aplaudiendo; ¡sentí que podía hacer cualquier cosa! Después del desfile, tenía más confianza que nunca. Y así es como quiero que te sientas cuando empieces a intentar cosas nuevas. Primero te sentirás incómoda, como me pasó a mí, pero tienes que hacerlo. ¡Inténtalo!

Probar algo nuevo suena aterrador, pero funciona

La historia de Leonora fue realmente inspiradora, ¿verdad? Ahora quiero hablarte sobre cómo intentar algo nuevo. Hay muchos personajes famosos que tuvieron miedo cuando empezaron de niños. ¿Sabes quién es Emma Watson?

La chica que lleva un diario de sus propias experiencias

Estilo femenino

Es la joven actriz que interpretó el papel de Hermione Pranger en Harry Potter. Es una actriz fantástica, ¿verdad? Nunca habrías pensado que le daba miedo ponerse delante de las cámaras, ¿verdad? Pero así era. Emma solo tenía nueve años cuando interpretó a Hermione Pranger, y decía que el primer día estaba muy asustada.

Nunca había actuado en una película tan grande, y eso la preocupó un poco. Pero cuando se acostumbró a su nuevo trabajo, lo disfrutó mucho y se volvió una niña con mucha más confianza.

¿Has oído hablar de Wolfgang Amadeus Mozart? (Llamémosle Mozart.) Quizá no porque vivió hace mucho tiempo. Pero era muy famoso por hacer música y, cuando solo tenía seis años, tocó el piano para una persona muy importante. ¿Y sabes qué? Mozart estaba muy asustado porque la persona para la que tocaba era una mujer especial, y quería asegurarse de que lo hacía bien. Aunque Mozart estaba muy asustado, tocó el piano de todos modos, y ella quedó muy impresionada cuando Mozart creció, se hizo muy famoso por la música que hacía.

¿Te gusta el fútbol? Porque la última persona de la que quiero hablarte es un jugador de fútbol llamado Lionel Messi. Él era mucho más joven que las dos personas sobre las que acabas de leer, porque empezó a jugar al fútbol cuando solo tenía cuatro años ¿No es asombroso?

Lionel empezó a jugar en el club de fútbol de su ciudad. Pero como era más pequeño que sus compañeros, temía no ser lo bastante bueno. Pues bien, sí que lo era y, cuando creció, se convirtió en un futbolista de gran éxito mundial.

Todos los famosos que he mencionado acababan de empezar como tú. Pero como siguieron adelante y lo hicieron de todos modos, todos llegaron a ser muy buenos en lo que hacían, y hoy son conocidos en todo el mundo. ¿Quieres ser bueno en algo? Si es así, tendrás que hacer lo que hicieron estas personas.

Te sentirás un poco nerviosa, pero es normal

¿No sería estupendo si pudiéramos ser buenos en todo sin sentirnos nerviosos cuando queremos probar algo nuevo? Sé que a mí me gustaría, pero desafortunadamente la vida no funciona así. La buena noticia es que es totalmente normal sentirse así; permíteme que te lo explique.

Cuando probamos algo nuevo y no estamos acostumbrados, nuestro cerebro se confunde un poco porque no sabe lo que va a pasar, y es entonces cuando empezamos a ponernos nerviosas. Pero la cuestión es que, cuando probamos algo nuevo, también estamos aprendiendo y creciendo.

Es importante que recuerdes que si no te sientes bien sintiéndote nerviosa cuando pruebas algo nuevo, no pasa nada, porque todo el mundo se siente así, incluso los adultos. Es un sentimiento normal, y hay mucha gente que piensa exactamente igual, así que no te preocupes, ¿de acuerdo?

Así que si te sientes nerviosa por probar algo nuevo, no te preocupes demasiado. Por favor, respira hondo y recuerda que es normal sentirse así. En lugar de eso, concéntrate en la emoción de aprender algo nuevo y en lo genial que será cuando por fin lo domines.

Se aprende mucho probando cosas nuevas

Aprender cosas nuevas es una experiencia divertida y emocionante porque nos ayuda a crecer. Tanto si aprendes un deporte como una nueva materia en la escuela, aprendes nuevas habilidades de las que antes no sabías nada. Por ejemplo, la primera vez que cocinas, puedes descubrir que te gusta mucho y que estás deseando volver a hacerlo. Pero probar algo nuevo también te enseña lo que no te gusta. Puede que pruebes a pintar por primera vez y decidas que no es para ti y que no quieres volver a pintar.

Así que la próxima vez que pruebes algo nuevo, recuerda que es una oportunidad divertida para crecer y aprender. Nunca se sabe qué cosas nuevas y emocionantes pueden estar esperando a que las intentes.

No importa si no tienes éxito en el primer intento

Piensa que es como un bebé que aprende a andar. No empiezan a andar enseguida, ¿verdad? Se caen muchas veces, pero cada vez que se levantan y vuelven a intentarlo, están aprendiendo a dar pasos y a mantener el equilibrio. Esto es lo que te ocurre a ti cuando intentas algo nuevo.

Nunca vas a ser perfecta en eso nuevo que estás intentando, porque se necesita práctica y tiempo para mejorar. Déjame que te haga una pregunta. ¿Sabes nadar o andar en bicicleta? Si la respuesta es sí, piensa en cuando estabas aprendiendo a hacerlo. Probablemente te sumergiste en el agua un par de veces o te caíste de la bici, ¿verdad? Pero después de practicar un poco, aprendiste a hacerlo, ¿cierto? Lo mismo ocurre cuando pruebas cosas nuevas, como tocar un instrumento musical, practicar un deporte o el arte. No lo harás bien la primera vez, pero no pasa nada.

Además, equivocarse es muy importante porque así es como se aprende. Cuando cometes un error, puedes aprender de él y averiguar cómo hacerlo mejor la próxima vez. ¿Haces rompecabezas? Si es así, ¿qué pasa cuando colocas una pieza en el lugar equivocado? La quitas, buscas otra pieza y vuelves a intentarlo, ¿verdad? Lo vuelves a intentar y sigues intentándolo. Intentar cosas nuevas funciona de la misma manera. Si no lo hacemos bien la primera vez, simplemente aprendemos de nuestros errores y volvemos a intentarlo.

Lo último que quiero decir es que el éxito no siempre consiste en hacerlo bien la primera vez. Se trata de hacerlo lo mejor que puedas y aprender de tus experiencias. Ni siquiera los inventores famosos acertaron a la primera, y tú sabes que la gente que fabrica cosas es muy lista, ¿verdad? ¿Sabes quién es Thomas Edison? Él inventó el foco de luz, pero no lo hizo bien la primera vez. Adivina cuántas veces tardó en hacerlo. ¿Estás preparada? Necesitó 1,000 intentos. Eso es mucho. Y estoy segura de que la mayoría de la gente se habría rendido mucho antes, pero Thomas Edison no se rindió y siguió intentándolo. ¿De verdad quieres tener éxito? Si es así, tendrás que seguir intentándolo como Thomas Edison.

Atravesar el miedo y hacer las cosas de todos modos

¿Alguna vez has sentido miedo al probar algo nuevo? Ya he mencionado que es normal sentirse nerviosa, pero el miedo es un poco diferente, ¿no? Cuando estás nerviosa, acabas sintiéndote un poco rara por dentro, pero cuando tienes miedo, puedes empezar a temblar o incluso a llorar porque crees que puedes hacerlo mal. Pero es importante recordar que debes atravesar el miedo y hacerlo de todos modos. ¿Por qué? Porque eso es lo que te hace fuerte. Recuerdo que hace muchos años, cuando era pequeña, me daba miedo irme a dormir con la luz apagada. Pero un día, aunque seguía teniendo miedo, me sentí lo bastante valiente como para apagar la luz. Me sentí muy feliz y desde entonces dormía todas las noches con la luz apagada.

Tú tienes que hacer lo mismo; puede que tengas miedo de probar algo nuevo, pero una vez que lo hagas, te darás cuenta de que no era tan malo después de todo, y tendrás más confianza porque decidiste hacerlo de todos modos, aunque sentías cierto temor.

Ganando Confianza

La idea detrás sentirse incómoda es ganar confianza. Eso es lo que quieres, ¿verdad? Bien, porque una forma de conseguirla es hacer cosas que no se te dan muy bien, y cuanto mejor se te den, más crecerá tu confianza. Verás, la confianza es como un músculo: cuanto más lo usas, más crece y más fuerte se hace. Así que la próxima vez que pruebes algo nuevo y te sientas incómoda, recuerda que en realidad es algo bueno. Significa que te estás empujando a crecer y aprender. Encuentra una forma de que te guste la incomodidad, y te sorprenderás de lo que puedes conseguir.

Empieza con pequeñas cosas que despierten tu curiosidad

Como has leído, probar algo nuevo puede ponerte nerviosa y asustarte. Por eso es importante empezar por las cosas pequeñas cuando intentes algo nuevo, para que no te pongas demasiado nerviosa y te asustes. Piénsalo así: si no supieras nadar, no te tirarías al agua, ¿verdad? No sería una buena idea porque no sabes nadar. Entonces, ¿qué harías en lugar de eso? Primero irías a la parte menos profunda de la piscina, e incluso te pondrías unos flotadores para estar más segura, ¿verdad? Pues eso es lo que debes hacer cuando intentas algo nuevo: empezar por lo más pequeño.

¿Recuerdas haber leído sobre cómo funciona el cerebro cuando probamos algo nuevo? Si no es así, déjame que te lo recuerde. Se siente un poco incómodo porque no está acostumbrado a hacer lo nuevo. Pero cuando se empieza poco a poco, no sorprende tanto. Por ejemplo, puede que tengas interés por la moda y quieras participar en un desfile de modas. Pero te pone un poco nerviosa caminar delante de tanta gente. Una versión más pequeña de esto podría ser hacer primero un desfile de modas para tu familia, y luego puedes hacer uno con tus amigos. Cuando hayas hecho suficientes desfiles de moda para tus amigos y familiares, tendrás la suficiente confianza para participar en un desfile de verdad. Parece una buena idea, ¿verdad?

Empezar poco a poco es la forma de desarrollar la confianza, porque cuando algo es demasiado difícil, puedes disgustarte por equivocarte siempre, y no querrás intentarlo más. Pero como no es demasiado difícil, te sentirás mejor intentándolo de nuevo, y cuanto más aciertes, más confianza adquirirás.

¿Puedo hacerte una última pregunta en este capítulo? ¿Cuáles son algunas de las cosas por las que sientes curiosidad? Tú sabes, cosas que nunca has intentado antes, pero que quieres conocer. Puede ser cualquier cosa, incluso probar una comida o bebida que no hayas probado nunca. Quiero que tomes papel y pluma y escribas una lista de todo aquello por lo que sientes curiosidad, desde las cosas pequeñas hasta las grandes. Cuando estés preparada, quiero que empieces a probar esas cosas nuevas empezando por lo más pequeño. Será muy divertido recorrer la lista e ir tachando cada cosa que pruebes, ¿verdad? Me entusiasma mucho que empieces con esto, y recuerda que, siempre que decidas empezar, te estaré apoyando.

Así que ¡ahí lo tienes! Empezar poco a poco es importante cuando intentas algo nuevo, porque facilita el aprendizaje y te ayuda a tener más confianza.

Algunas palabras que te harán valiente

Lo has leído todo sobre sentir nervios y miedo cuando intentas algo nuevo. Comprendo que no quieras sentirte ansiosa ni asustada, así que voy a darte algo que te facilitará un poco las cosas. Lo que voy a darte son algunas palabras, y no son palabras cualquiera, por cierto; son palabras únicas que te harán sentir valiente antes de empezar algo nuevo. Lo que tienes que hacer es decir estas palabras justo antes de que vayas a hacer algo nuevo. Quiero que las repitas una y otra vez hasta que te sientas fuerte y preparada para empezar. Así que tendrás que llevar este libro contigo cuando vayas a hacer algo nuevo, para que tengas preparadas tus palabras especiales.

Estas son las palabras especiales que quiero que digas:

- Creo en mí misma

- Probar algo nuevo es emocionante y divertido

- No me importa equivocarme porque cada error que cometa me ayudará a aprender y a crecer.

- Está bien empezar poco a poco y tomarse su tiempo porque así es como se progresa.

- No me compararé con nadie; soy especial a mi manera.

- Incluso cuando sea difícil, no te rindas porque estarás muy orgullosa de ti misma.

- Tengo el apoyo de mi familia y amigos

Recuerda, todos necesitamos un poco de ánimo a veces, es estupendo que otras personas te animen, pero es aún mejor cuando puedes animarte tú misma. Y no te avergüences tampoco de hablar contigo misma, porque todos los que tienen éxito lo hacen.

Después de leer esto, ¿sientes que estás preparada para empezar a probar cosas nuevas y a sentirte incómoda? Espero que sí. Aquí tienes un rápido recordatorio de lo que acabas de leer:

- Sentirte incómoda es la primera de las herramientas de tu paquete para la confianza.

- La forma de hacerte sentir incómoda es probando cosas nuevas.

- Estarás un poco asustada y nerviosa cuando pruebes algo nuevo, pero no pasa nada porque es normal sentirse así.

- No tienes que hacerlo bien la primera vez, y no pasa nada por cometer errores, porque así es como creces.

- Aprendes mucho cuando pruebas cosas nuevas, incluso lo que te gusta y lo que no.

- Camina a través de tu miedo y haz las cosas de todos modos.

- Empieza primero por las cosas pequeñas para sentirte cómoda con la incomodidad.

Di tus palabras únicas y especiales para hacerte valiente cuando te sientas nerviosa o asustada.

¿Estás deseando descubrir qué más hay en tu paquete de herramientas para la confianza? Si es así, ¡da vuelta a la página conmigo y sigue leyendo!

Capítulo 3

3

Cree en ti misma, chica

*"No malgastes tu energía intentando cambiar opiniones...
Haz lo tuyo, y no te preocupes de si les gusta."* ~ Tina Fey

ME ALEGRA VER que has llegado al tercer capítulo. Espero que hayas aprendido mucho hasta ahora y que estés deseando aprender más. La segunda herramienta para la confianza es creer en ti misma. Cuando crees en ti misma, te sientes más segura de ti misma y más fuerte. Esto te ayuda cuando las cosas se ponen un poco difíciles.

Puede que te sientas un poco nerviosa e incluso asustada, pero lo harás de todos modos porque crees en ti misma. La vida se vuelve realmente emocionante porque sabes que puedes hacerlo si lo intentas. ¿Recuerdas que Leonora se paseó por la pasarela usando y poniendo a prueba la primera herramienta poderosa para la confianza?

Sabes que eres increíble tal y como eres. Significa que puedes ser tu propia porrista o animadora y empujarte a ti misma cuando lo necesites. Celebra los progresos por pequeños que sean.

Te sientes más cómoda haciendo cosas que normalmente no harías cuando crees en ti misma. Por ejemplo, si tus padres te piden que hagas algo en casa que suele hacer uno de tus hermanos o hermanas mayores. Cuando crees en ti misma, te sientes más segura y aceptas el reto. Cuando tus padres vean lo bien que lo has hecho, estarán orgullosos de ti y se sentirán lo bastante satisfechos como para pedirte que hagas otras tareas para ayudar en casa.

Quiero tomarme un momento para recordarte lo increíble que eres, que puedes hacer todo lo que quieras en la vida, ¡y que no hay absolutamente nada que pueda detenerte! Sé paciente contigo misma.

Cómo adquirir y descubrir tus puntos fuertes y reconocer tus puntos débiles

¿Sabías que todo el mundo tiene algo en lo que es realmente bueno y cosas en las que no lo es tanto? Las cosas en las que eres buena se llaman tus puntos fuertes, y las cosas en las que no eres tan buena se llaman tus puntos débiles. A algunas personas no les gusta tener puntos débiles porque quieren ser buenos en todo, pero eso no importa en absoluto. No hay nada de lo que avergonzarse. La confianza proviene de aceptar que tus puntos fuertes y débiles forman parte del ser humano. Empecemos hablando de cómo encontrar tus puntos fuertes:

Lo qué te apasiona: Las cosas que te encanta hacer te dan una idea de tus puntos fuertes. Disfrutas haciendo estas cosas y no necesitas esforzarte mucho para hacerlas. Por ejemplo, puede que te encante dibujar, bailar, resolver problemas matemáticos o escribir historias cortas. Dejaré que Leonora te cuente una breve historia sobre cómo descubrió uno de sus puntos fuertes.

Hola, chicas, pues bien, cuando tenía unos ocho años, mi madre, Anna, que es una fantástica artesana, empezó a pedirme que la ayudara a organizar su estudio, que estaba un poco desorganizado. Era genial ir a su estudio. Tantos colores, tipos de equipos y materiales. Yo pensaba que su estudio era lo más asombroso del mundo, y algunos fines de semana clasificaba sus materiales en distintas categorías, como pinceles, pinturas y herramientas, y etiquetaba los recipientes. Mi madre estaba muy impresionada porque le ahorraba mucho espacio. Aprendí que organizar era uno de mis puntos fuertes, y me sentí confiada en mis capacidades. Hoy mi madre me paga dinero para que le ayude a organizar sus materiales, ¡porque no le gusta hacerlo! Fantástico, ¿verdad? Aquí está Marta con ustedes de nuevo.

Pregúntale a la gente: A veces, no sabemos realmente en qué somos buenos porque lo hacemos tan deprisa que no pensamos realmente en ello. Cuando yo era pequeña, me encantaba escribir, y solía hacerlo todo el tiempo. Si una amiga o un miembro de mi familia necesitaba que escribiera algo, me pedían que lo hiciera. El inglés también era mi materia favorita en la escuela, y ahora que soy mayor, escribo libros y he aprendido que uno de mis puntos fuertes es la escritura.

No lo sabía cuando era pequeña, y por eso quiero ayudarte a que tú también conozcas tus puntos fuertes.

Prueba cosas nuevas: En el capítulo dos, leíste todo sobre aprender cosas nuevas; sabes que te ayuda a ganar confianza, pero aprender cosas nuevas también te ayuda a encontrar tus puntos fuertes. Puede que algunas de ustedes no sepan cuáles son sus puntos fuertes porque todavía no los han encontrado. Puede que haya materias que se te dan bien en la escuela, pero no te encantan. No te hacen sentir bien por dentro. Cuando encuentres tu punto fuerte, te encantará y querrás hacerlo todo el tiempo. Cuando era pequeña, me gustaba tanto escribir que, cuando llegaba la hora de cenar, mi madre tenía que subir a mi habitación a buscarme porque estaba muy concentrada en lo que escribía.

Recuerda, si no sabes cuáles son tus puntos fuertes, puede que tardes un tiempo en encontrarlos, pero eso no importa. Es mejor que te tomes tu tiempo y hagas las cosas bien. Veamos ahora cómo puedes encontrar tus puntos débiles.

Qué te resulta difícil: ¿Qué cosas te resultan difíciles y desearías no tener que hacer nunca? Sean lo que sean, esos son tus puntos débiles. Reconocer tus debilidades te da la oportunidad de crecer. Puede ser dibujar, nadar o tocar un instrumento musical. Cuando estaba en la escuela, me costaba mucho leer música, y en cuanto tuve edad suficiente para no cursar más esa materia, ¡la dejé como una patata caliente! La música era sin duda mi punto débil.

Pregúntale a la gente: Las personas más cercanas a ti sabrán muy bien cuáles son tus puntos débiles, porque pasan mucho tiempo contigo y, a veces, te conocen mejor que tú misma. Así que, si no estás segura de cuáles son tus puntos débiles, pregunta a tus amigas, amigos, familiares, y ellos podrán ayudarte.

Sé honesta: Ser sincera contigo misma te ayuda a descubrir tus puntos débiles, porque a veces intentamos hacernos creer que somos buenas en algo porque pensamos que se supone que debemos serlo. Por ejemplo, puede que odies nadar y no se te dé bien. Pero como tu hermana es buena nadando y le encanta, y la gente siempre le dice cosas bonitas por ello, crees que tú también deberías ser buena nadando, pero la verdad es que no te gusta. ¿Hay cosas que finges que te gustan porque crees que tienen que gustarte? Si has respondido afirmativamente a esta pregunta, éste podría ser tu punto débil. Escucha, está bien que no te gusten ciertas cosas; no es normal que te guste todo y que seas buena en todo, así que no te preocupes por ello. Cuando admitas esto ante ti misma, te sentirás mucho mejor, créeme.

Es importante que te rodees de gente que piense que eres increíble y quiera estar a tu alrededor

La gente con la que te juntas es muy importante, porque puede hacerte sentir muy bien o muy mal contigo misma. ¿Y quién quiere sentirse mal consigo mismo? Nadie, ¿verdad? Por eso debes tener cuidado con las amigas y amigos que eliges. Si tú crees que eres fantástica, tus amigas y amigos también deberían pensar que lo eres.

He aquí algunas razones por las que debes rodearte de las personas adecuadas:

Te dan confianza: Este libro trata de conseguir confianza, y rodearte de personas que piensen que eres fantástica te ayudará a tener más confianza.

Las amigas y amigos que piensan que eres increíble dirán cosas bonitas de ti. Cuando hagas algo que no les guste, te lo dirán, pero no será de mala manera. Te lo harán saber porque quieren que lo hagas mejor. Quieren que crezcas y que seas aún más increíble. Cuando estás rodeada de gente que piensa que eres genial, eso hace que te sientas bien contigo misma.

Te aceptan: Es muy importante que seas tú misma. A veces no les caes bien a la gente, no porque hayas hecho algo malo, sino porque no están hechos para ser tus amigas o amigos. No digo que esté bien que no te agrade la gente, pero no siempre les caerás bien a todos. A veces, lo que ocurre cuando no caes bien a la gente es que te esfuerzas por caerles bien, y eso puede incluir actuar como alguien que no eres. La mejor manera es ser tú misma y las personas adecuadas entrarán en tu vida. Tus verdaderas amigas o amigos te aceptan tal como eres, y no tienes que actuar a su alrededor. Puedes estar feliz, triste o hacer el tonto a su alrededor, y siempre te querrán por lo que eres.

Te apoyan: Es genial cuando crees que tienes una buena idea o quieres probar algo nuevo, y te apoyan. Eso es lo que hacen los amigos y amigas de verdad: te ayudan porque quieren que seas feliz y tengas éxito.

Hacen que tu vida sea divertida: Cuando tienes gente que piensan que eres una persona fantástica, la vida es mucho más divertida.

¿Quieres divertirte? Seguro que has respondido que sí a esta pregunta, porque todo el mundo quiere divertirse. ¡Yo ciertamente sí! Cuando tus amigos y amigas tienen buen rollo, se divierten, se ríen y prueban cosas nuevas juntos.

Recuerda que es importante que te juntes con gente que te quiera por lo que eres. No pasa nada si tienen personalidades distintas y no les gustan las mismas cosas que a ti, porque eso no es lo que hace a un buen amigo o amiga. Es alguien que te hace sentir bien contigo misma, que te acepta tal como eres. Te mereces estar rodeado de personas que te hagan feliz.

Deja de compararte con los demás

Espero que no te importe que te haga esta pregunta. Pero, ¿tú te comparas con la gente? Puede que te compares con tus amigos, hermanos, hermanas o con los famosos que ves en la tele. Está bien medirse con la gente porque todo el mundo lo hace, incluso los adultos. Pero que todo el mundo lo haga no significa que sea lo correcto. Deja que te explique por qué eso no es una buena idea.

Te hace sentir triste: No es buena idea compararse con la gente porque te entristece. ¿Estás de acuerdo conmigo en que cuando te comparas con la gente, te provoca tristeza? ¿Quieres saber por qué? Porque cada persona es diferente, y no todos podemos ser iguales. El mundo sería un lugar muy aburrido si todos fuéramos iguales, ¿no crees? Déjame hacerte otra pregunta, ¿puedes comparar manzanas y naranjas? Espero que hayas dicho que no. La razón por la que no puedes comparar manzanas y naranjas es que no son no son iguales; tú tampoco eres igual que nadie, y por eso no debes compararte con otras personas.

Enfócate en las cosas correctas: ¿Quieres ser más segura de ti misma? Entonces es en eso en lo que tienes que centrarte. Si pasas el tiempo comparándote con los demás, no tendrás tiempo de ganar más confianza. Así que, si quieres volverte realmente segura, lo mejor que puedes hacer es dedicar tu tiempo a trabajar en las cosas de las que hablo en este libro, y entonces no tendrás tiempo de compararte con otras personas porque estarás demasiado ocupado volviéndote increíble.

Solo recuerda que es superimportante que te concentres en ti misma, en aumentar tu confianza y en las cosas que te hacen feliz, en lugar de compararte con otras personas. Eres adorable. Así que no tienes que cambiar nada de ti.

Concéntrate en tus habilidades

¡Hola hermosa! Centrarte en tus habilidades es esencial porque son cosas en las que ya eres buena. Con la práctica, puedes llegar a ser incluso mejor en ellas. Quizá se te dé muy bien resolver rompecabezas, organizar, dibujar o cantar.

Cuando dedicas más tiempo a practicar, tus habilidades mejoran aún más y, un día, podrás considerarte un experto.

Otra razón para centrarte en tus habilidades es que te ayuda a hacer grandes cosas. Digamos que quieres convertirte en una excelente jugadora de fútbol, si te centras en practicar tus habilidades futbolísticas, llegarás a ser muy buena en ello, y quizá puedas jugar en un equipo de fútbol importante. Hazme un favor; quiero que tomes papel y pluma y escribas en qué te gustaría ser buena.

La chica que sale de su zona de confort y prueba cosas nuevas

Estilo urbano

Ahora escribe todo lo que necesitas hacer para llegar a ser realmente buena en ello. Volvamos a utilizar el ejemplo de la futbolista. Si quieres convertirte en una gran jugadora de fútbol, tendrás que hacer cosas como ver vídeos que te enseñen a patear mejor el balón, jugar con gente que sea mejor que tú para esforzarte en mejorar, o puede que simplemente tengas que dedicar más tiempo a practicar. Si pasas media hora al día practicando, aumenta el tiempo a una hora al día.

Lo último que quiero decirte es que si te concentras en tus habilidades y practicas todo el tiempo, te resultará más fácil hacer realidad tus sueños. Cuando das pequeños pasos, te vuelves cada vez mejor.

Date un poco de crédito - Y hazlo todos los días

Ya sea que hayas hecho algo grandioso o no, todos los días debes darte crédito por el simple hecho de ser increíble. Eres una chica genial que quiere hacer cosas extraordinarias para mejorar el mundo. ¿No crees que eso merece un aplauso? ¡Pues sí! Cuando te das crédito a ti misma, básicamente estás diciendo: "Oye, he hecho un trabajo excelente; estoy orgullosa de mí misma". Es importante sentirse orgullosa de ti misma porque te ayuda a tener más confianza. Y tú quieres tener confianza, ¿cierto?

Haz esto todos los días; recuerda darte crédito a ti misma, y no sientas que tienes que esperar a hacer algo genial. Date crédito solo por ser genial. Pero cuando hagas algo bueno, date un poco de crédito extra. Puede ser cualquier cosa, desde ayudar a tu hermano pequeño a atarse los cordones o sacar buenas calificaciones en tu examen. Asegúrate de que siempre te reconoces por ser increíble y por las cosas maravillosas que haces.

Cada defecto perfectamente imperfecto es lo que te hace única

¿Alguna vez has oído decir: "Nadie es perfecto"? Pues es verdad; no hay una sola persona perfecta en el planeta. La persona perfecta no existe; puedes pensar que todos los famosos que ves en la televisión son perfectos, pero no lo son; son como los demás. Pero, ¿sabes qué? En realidad es bueno que nadie sea perfecto.

Verás, todas esas pequeñas cosas que podrías pensar que están mal en ti son, en realidad, lo que te convierte en una persona hermosa. Si todo el mundo fuera perfecto, este mundo sería muy aburrido, ¿no crees? Viviríamos en un mundo de cuento de hadas, y sería muy raro, ¿verdad?

Quizá tengas una cicatriz en la mejilla de cuando te caíste. O tal vez tengas una marca de nacimiento en la rodilla. A veces, cuando te emocionas y te pones contenta, utilizas una voz diferente y tierna. Tus compañeros lo encuentran un poco extraño y divertido. O te pones un poco tímida cuando conoces a gente nueva. Ninguna de estas cosas tiene nada de malo, y si hay algo de ti de lo que te sientas avergonzada, quiero que sepas que no tienes que avergonzarte de ello porque es lo que te hace ser quién eres.

A veces puedes sentir que tienes que ser perfecto para agradarle a la gente, así que puedes intentar actuar un poco diferente para encajar. Pero la verdad es que, cuando eres tú misma, le caes mejor a los demás porque no intentas actuar como otra persona.

Así que la próxima vez que sientas que tienes que ocultar algo de ti o ser una persona diferente para que a la gente le caigas bien, recuerda que eres perfecta tal como eres, y que a tus verdaderos amigos y amigas les agradarás por tu verdadero yo.

Recuerda que eres una chica especial y con talento que lo tiene todo para triunfar en la vida

Es importante que recuerdes que eres única y tienes talento, y que lo tienes todo para triunfar. Lo mejor sería que nunca te rindieras, porque un día todos tus sueños se harán realidad. Cuando eso ocurra, recordarás todos los días en los que no te sentiste tan bien y te sentirás muy orgullosa de ti misma por no haberte rendido. Así que ¡nunca te rindas!

Has leído muchas palabras en este capítulo, y estoy muy orgullosa de que te esfuerces tanto por ser tener más confianza en ti misma. Recuerda que tu viaje es único porque tú eres única. Para asegurarte de que recuerdas todo lo que has leído, aquí tienes un breve recordatorio:

- Creer en ti misma es la segunda herramienta de tu estuche de herramientas para la confianza.

- Creer en ti misma significa que sabes que eres increíble.

- Aprendes cuáles son tus puntos fuertes.

- Encuentras tus debilidades.

- Es importante que te rodees de personas compasivas y amables.

- Debes centrarte en tus capacidades.

- Debes darte crédito porque eres fantástica.

- No eres perfecta, pero eso es bueno; las cosas de las que podrías avergonzarte son las cosas que te hacen ser quién eres.

¿Quieres saber cuál es la tercera herramienta para la confianza? Solo las chicas a las que les guste leer podrán conocer la respuesta. Pero creo que te gustará leerla, así que podrás descubrirla en el próximo capítulo.

Capítulo 4

4

La herramienta secreta: La creatividad

"La creatividad es inteligencia que se divierte."
~ Albert Einstein

¡CHICA! ANTES DE EMPEZAR, quiero que sepas que en los capítulos cuatro, cinco y seis se habla de moda. ¿Moda?

Sí, ¡la moda! Sé que pensabas que el libro trataba de aprender cómo tener confianza en ti misma, y tienes razón; de eso trata. Pero recuerda que te dije que fui diseñadora de moda durante 27 años. He trabajado con cientos de chicas como tú, algunas muy seguras de sí mismas y otras no tanto. La moda aumenta tu confianza porque puedes expresarte. Recuerda esto: la creatividad y la moda comunican quién eres sin que digas una palabra. Eso es confianza.

Como diseñadora de moda, hacía dos desfiles al año: primavera/verano y otoño/invierno. Algunas de las chicas que estaban para participar en el desfile estaban muy seguras. Otras no estaban tanto o estaban un poco nerviosas, pero como les encantaba participar en el desfile, tuvieron el valor suficiente para caminar por la pasarela. Déjame decirte que caminar sola delante de 600 o más personas no es tan fácil. Es un poco incómodo, pero si lo intentas, te convierte en una persona intrépida y con confianza. Hacer algo que te gusta al mismo tiempo que te diviertes es también lo que significa tener autoconfianza.

Haciendo desfiles de moda es como aprendí sobre la tercera herramienta secreta, porque me di cuenta de que las chicas como Leonora, que caminaba de manera confiada por las pasarelas en los desfiles de moda, ayudaban a las chicas que necesitaban un poco más de seguridad en sí mismas. Las chicas seguras tenían algo en común: eran muy creativas con sus atuendos. Se distinguían por sus peinados diferentes, por decorar sus zapatos con pedrería y otras piedras de colores, o por embellecer sus pantalones y camisetas dibujando en ellos diseños únicos. O llevando bonitos bolsos que sus mamás y ellas confeccionaban con bonitas telas.

Hablé con algunas mamás para averiguar por qué sus hijas tenían tanta confianza a una edad tan temprana, y todas tenían la misma respuesta: "A mi hija le encanta ser creativa". Inmediatamente comprendí que estas niñas eran seguras de sí mismas porque se divertían creando un estilo de moda único que les hacía sentirse bien y les ayudaba a expresarse a temprana edad.

Hay muchas herramientas diferentes para ayudarte a ganar más confianza en ti misma, ¡pero yo te voy a dar la HERRAMIENTA SECRETA! La tercera herramienta de tu conjunto de herramientas para la confianza es la CREATIVIDAD. La he llamado la "herramienta secreta" porque solo leerás sobre ella en algunos libros. La creatividad es muy divertida y te dará un enorme impulso de confianza. Así que, chicas, si están listas para ser creativas y ganar más confianza, ¡denme un 'choca esos cinco' virtual y sigan leyendo!

Lo que significa ser creativa

Por si no estás muy segura de lo que significa ser creativa. Básicamente consiste en utilizar tu imaginación para hacer algo único y nuevo. Es como construir algo con bloques de Lego, escribir una historia, hacer un dibujo, personalizar tu álbum de recortes o coser una bolsa de tela con tu mamá. Tú creas algo utilizando tus propias ideas.

Ser creativa es superdivertido porque puedes expresarte como quieras. Te permite mostrar al mundo lo que piensas y cómo te sientes. Y a veces, cuando creas algo realmente extraordinario, puede que incluso te sorprendas a ti misma.

También es importante mencionar que ser creativa no consiste sólo en hacer cosas bonitas. También consiste en ser capaz de resolver problemas y tener ideas originales. Por ejemplo, supongamos que a tu mamá se le ha caído una de las patillas de sus lentes mientras trabajaba con la computadora. Buscó el estuche de reparación, pero no lo encontró. Así que se sentó y decidió que iría a la tienda a comprar un nuevo equipo de reparación para arreglar los anteojos y poder seguir trabajando. Pero tú lo pensaste mejor y dijiste: "Un momento, mamá, tengo una idea. Creo que puedo reparar tus lentes". Y fuiste a la cocina, tomaste un palillo, clavaste el palillo donde iría el tornillo y después recortaste el sobrante con la ayuda de tu mamá. No quedó perfecto, pero tu mamá estaba muy contenta y orgullosa de tu idea.

Otra razón por la que es genial ser creativo es que aprendes cosas sobre ti misma que antes no sabías. Cuando se te ocurren nuevas ideas, experimentas y pruebas cosas nuevas, puede que descubras que tienes talentos que no sabías que tenías. ¿No es increíble?

Cómo la creatividad puede aumentar tu confianza

La creatividad puede ayudarte a ser más segura de ti misma, porque usar tu imaginación para crear algo único y nuevo puede hacer que te sientas muy orgullosa de ti misma. Te hace sentir más confianza. ¿Quieres saber más sobre por qué ser creativa te hace ser más segura? Bien, te lo diré.

Te desafías a ti misma: Cuando creas algo o creas una idea que muestra a todo el mundo tus pensamientos, sentimientos e ideas, te sientes estupendamente contigo misma. Demuestra que tienes algo especial que ofrecer al mundo y que puedes crear algo único. Y después de haber completado esa fantástica idea, puedes mirarla y decir: "¡Vaya! Esta es mi creación". Cuando creas algo único, empiezas a pensar en otras cosas asombrosas que puedes hacer, y tendrás la confianza de querer retarte más a ti misma porque sabrás que puedes hacerlo.

Haces nuevos amigos y amigas: Cuando eres creativa, existe la posibilidad de que hagas más amigos y amigas porque, dependiendo de lo que estés haciendo, puede que necesites que otros chicos(as) te ayuden. A veces, estos chicos(as) no son personas que ya conoces; son gente nueva que nunca antes habías visto. Si te caen bien, puede que se conviertan en tus nuevos amigos(as). Todo el mundo quiere más amigos(as) porque, puedes hacer muchas cosas diferentes y divertirte mucho.

Pero, ¿sabías también que hacer nuevos amigos y amigas puede hacerte más segura? Pues sí. He aquí por qué. Se hacen amigos(as) tuyos porque les caes bien y quieren pasar más tiempo contigo. ¿Adivinas cómo te sientes cuando otros chicos(as) como tú quieren pasar más tiempo contigo? Así es; te sientes con más confianza porque te hace sentir muy bien, ¿verdad? Hacer nuevos amigos y amigas significa que piensan que eres fantástica, y así te sientes tú contigo misma, ¿verdad?

Es divertido: Probablemente ya te habrás dado cuenta de que ser creativa es muy divertido. Pero, ¿sabías que divertirte puede hacer que tengas más confianza? ¡Oh, sí que puede! ¿No es una noticia excelente? Divertirte puede hacerte sentir más confianza en ti misma porque estás haciendo algo que te hace sentir bien por dentro y te hace feliz. Cuando estás alegre y feliz, empiezas a creer en ti misma y en tus capacidades. Recuerda, creer en ti misma es la segunda herramienta para la confianza.

Todo el mundo es creativo - No dejes que nadie te diga lo contrario

Quiero dejarte claro que TODOS somos creativos. Cuando piensas en personas creativas, quizá pienses en personas que saben bailar, cantar, actuar o dibujar bien. Pero eso es solo una parte de la creatividad. Como he dicho antes, la creatividad también consiste en tener nuevas ideas y resolver problemas, y TODOS sabemos hacerlo, incluso tú, mi querida amiga.

La chica que corre más rápido que los chicos

Estilo deportivo

Piensa en la última vez que se te ocurrió una idea nueva o tuviste que resolver un problema. Quizá tenías demasiada ropa en el closet y tuviste que idear cómo organizarla. O tu maestro te puso unas tareas un poco difíciles, y tuviste que pensar en la mejor manera de hacerlas.

Sé que hay algo que has tenido que hacer que implica ser creativa. Hazme un favor: toma papel y pluma. Escribe las cosas que hayas tenido que hacer que hayan requerido el uso de tu creatividad. Apuesto a que escribirás un montón de cosas.

Si no te consideras una persona creativa, apuesto a que tienes muchos intereses y pasiones, ¿verdad? Quizá te guste cocinar o coser con tu madre, plantar frutas y verduras en el huerto, ser porrista (animadora), o te guste practicar un deporte específico. Sea lo que sea lo que te gusta hacer, ¿adivina qué?

Necesitas ser creativa para hacerlo. Por ejemplo, idear nuevas recetas para cocinar con tu madre, pensar en la mejor manera de plantar tus frutas y verduras, o pensar en nuevas habilidades para utilizar cuando eres porrista o practicas los deportes que te gustan. Estas cosas te hacen muy creativa.

Otra cosa genial de la creatividad es que es como un músculo; cuanto más la usas, más crece. Aunque de momento no creas que eres muy creativa, sigue practicando y no tardarás en convertirte en un genio creativo.

Lo que quiero que recuerdes es que la creatividad consiste en utilizar tu imaginación para tener nuevas ideas, resolver problemas y expresarte a tu manera.

No hay una forma correcta o incorrecta de ser creativa, así que no tengas miedo de mostrar tu creatividad y ver qué cosas asombrosas puedes hacer.

Cómo la ropa puede afectar a tu confianza

Déjame que te cuente una breve historia sobre mí. Cuando tenía unos nueve o diez años, a veces no me gustaba demasiado la ropa que mi madre quería que me pusiera. Cuando llevaba algo que no me gustaba, caminaba con la cabeza agachada porque no me sentía bien conmigo misma. Pero cuando llevaba algo que me gustaba, caminaba con la cabeza alta hacia el cielo porque me sentía feliz, y cuando me miraba en el espejo, estaba contenta con lo que veía. Entonces no lo sabía, pero mi ropa me ayudaba a tener confianza, y tu ropa también te ayudará a tener confianza; déjame que te cuente por qué.

Consigues expresarte: ¿Sabías que la ropa que llevas te ayuda a mostrar una parte de tu personalidad? Digamos que te gustan los deportes; si te ves como un profesional de la patineta, la gente sabrá que te encanta patinar. Llevar ropa que te ayude a expresarte es una forma estupenda de hacer amigos(as), porque la gente no tiene que adivinar lo que te gusta. Es casi como un código secreto, y todos se reconocen cuando se ven.

Te sientes importante y especial: Seguro que alguna vez te has arreglado para una ocasión especial, como un cumpleaños, una boda o Navidad. Te sentías bien, ¿verdad? Yo recuerdo cómo me sentía cuando era pequeña y me arreglaba para las ocasiones especiales. Cuando sacaba del armario la prenda que me gustaba de mi guardarropa, me lo ponía y me miraba en el espejo. Pensaba con una gran sonrisa en la cara: " ¡Me veo de maravilla!". Me sentía tan bien que a veces quería ponerme el vestido para dormir, pero mi mamá no me dejaba.

Dime una cosa, ¿cómo te sentiste la última vez que te pusiste tu ropa favorita? Te sentiste muy bien y feliz, ¿verdad? Ganas más confianza cuando te sientes genial y única porque te sientes orgullosa de ser quién eres, sonríes más, eres más simpática y te sientes muy bien. Cuando te sientes así contigo misma, te sientes más segura de ti misma.Eso es confianza.

Te sientes cómoda: Un día vi un vídeo en el que un niño de unos cinco años se vestía para ir a una boda. Llevaba traje, camisa, corbata, pantalones y chaleco. Lloraba mientras su madre le ponía la ropa; no paraba de decir que no quería ponerse el traje porque no le gustaba cómo le quedaba. El niño lloraba porque no se sentía cómodo con el traje. Me quedé asombrada porque, a una edad tan temprana, sabía lo que quería, y eso era sentirse cómodo con lo que llevaba puesto. Cuando te sientes cómodo, te sientes confiado porque la ropa te hace sentir bien, y cuando te miras al espejo, te gusta lo que ves.

Haces amigos y amigas: Cada persona tiene su propio estilo de vestir. Cuando llevas ropa que te gusta y te sientes segura de ti misma, la gente dirá: "Eh, mírala; ¡está increíble!". Luego se te acercarán y te preguntarán de dónde has sacado tu atuendo y qué te ha hecho elegirlo. La gente se fijará en ti por cómo vistes, y harás amistad con otros chicos(as) que tienen el mismo gusto que tú para vestir.

Aunque la ropa puede hacerte sentir con más confianza, no es más que ropa, y no debes permitir que cambie quién eres. Sigues siendo increíble, lleves la ropa que lleves. Pero cuando quieras sentirte más segura, ponte ropa que te haga sentir bien contigo misma.

¿Te ha gustado el capítulo 4? Había mucho que aprender, ¿verdad? Para que no lo olvides, aquí tienes un rápido recordatorio de todo lo que acabas de leer:

- La creatividad es la tercera herramienta para la confianza.

- La creatividad consiste en utilizar la imaginación para crear algo único y nuevo.

- Ser creativa también consiste en ser capaz de resolver problemas y tener ideas sorprendentes o únicas.

- Ser creativa te permite expresarte como quieres.

- La creatividad puede aumentar tu confianza porque tienes que desafiarte a ti misma.

- Todo el mundo es creativo, no solo las personas con talentos especiales.

- La ropa puede impactar positivamente tu confianza porque consigues expresarte.

¿Te aburres a veces de la ropa que vistes? Si quieres encontrar tu estilo, lee el capítulo siguiente y decide qué estilos te gustan más. Luego habla con tus padres sobre ello. Si les parece bien, ellos te ayudarán a crear el look o imagen que deseas.

Capítulo 5

5

De aburrida a alguien con estilo

"El estilo es algo que cada uno de nosotros ya tiene, todo lo que tenemos que hacer es encontrarlo." ~ DVF

Hola, soy Leonora otra vez; espero que estés disfrutando del libro porque a mí me encanta. Estoy impaciente por empezar a ayudarte a encontrar tu estilo único. Pero antes de hacerlo, quiero decirte lo siguiente. Si quieres tener confianza, es muy importante que seas única y que no sigas todas las tendencias que surjan. Sentirte segura consiste en tener tu propio estilo y expresar tu personalidad. Cuando sigues todas las tendencias, intentas mantener un look o imagen común.

Cuando ves algo que te gusta, tomas ideas de ese estilo y lo haces tuyo. ¿Tiene sentido?

Muy bien, genial, ahora quiero que me respondas a estas preguntas para que me ayudes a entender un poco más tu estilo:

- ¿Cómo describirías tu estilo personal?

- ¿Con qué tipo de ropa te sientes más cómoda?

- ¿Hay algún famoso o influencer cuyo estilo admires?

- ¿Hay algún color o estampado que no te guste llevar?

- ¿Te gusta llevar joyas o accesorios para completar tus atuendos?

- ¿Cuál es tu tipo de calzado favorito (botas, tenis, sandalias)?

- ¿Cuál es tu tipo de ropa favorito (sudaderas, camisetas, vestidos)?

- ¿Te gusta llevar ropa más cómoda, ajustada o amplia?

- ¿Cuál es tu color favorito para vestir?

- ¿Cuál es tu estampado favorito?

Estas son todas mis preguntas para ti por ahora, pero probablemente te haga alguna más después. Espero que te diviertas contestándolas. Hablaremos pronto...

La ropa que escoges dice mucho de la persona que eres

Dentro de poco volverás a encontrarte con Leonora, ¡porque te ayudará a convertirte en una chica con mucho estilo! Bueno, genial, hablemos un poco de por qué tu ropa dice mucho de la persona que eres.

Expresa tu personalidad: Lo que vistes es una forma de expresar tu personalidad. Por ejemplo, si eres tímida y no te gusta ser el centro de atención, llevarás ropa sencilla que te haga pasar desapercibida entre los demás. Pero si eres extrovertida y bulliciosa, llevarás ropa llamativa que te haga destacar.

Tus intereses: La ropa que llevas dice mucho sobre las cosas que te interesan. Por ejemplo, si llevas una camiseta gráfica de anime, la gente sabrá que eres una fan del anime. Si llevas una sudadera con tu equipo deportivo favorito en la parte delantera, la gente sabrá que eres fan de ese equipo deportivo. La gente puede pensar que eres artística y creativa si te gusta llevar ropa con estampados o diseños interesantes.

Tu estado de ánimo: Aunque no lo hagas a propósito, los colores que llevas dicen mucho sobre tu estado de ánimo, y algunas personas pensarán que estás de un humor determinado por los colores que llevas. Por ejemplo, si vistes de rosa brillante, naranja o amarillo, la gente puede pensar que eres alegre y extrovertida. Pero si llevas colores oscuros como el negro, el marrón y el azul marino, la gente puede pensar que eres un poco más seria.

Ejemplos de estilos diferentes

Hay muchos estilos de ropa diferentes que puede que necesites conocer. Además, podrías llevar algunas de estas prendas ahora y no saber que son populares en un estilo específico. En este libro, verás los nueve estilos de moda que vestirá Leonora para ayudarte a decidir qué tipo de estilos de ropa te gustan más. Experimenta con diferentes estilos. Elige la ropa que te haga sentir feliz y cómoda y que refleje quién eres. Si haces esto, encontrarás tu estilo único que aumentará tu confianza. ¡Fíjate bien y presta atención!

Ropa de calle: Incluye ropa cómoda e informal con colores brillantes e ilustraciones impactantes. Estas son algunas prendas que podrías llevar si te decides por el estilo urbano o de calle:

- **Sudaderas con capucha/gorro:** Verás que la gente de la moda callejera lleva sudaderas con capucha de gran tamaño o recortadas (cortas, dejan ver un poco el estómago) con dibujos o escritos en la parte delantera.

- **Zapatos deportivos:** Los tenis están de moda.

- **Camisetas:** Las camisetas con escritos o dibujos son otro elemento excelente.

- **Gorras de béisbol:** Con frecuencia verás que la gente de la moda callejera o urbana lleva puestas gorras de béisbol.

- **Chaquetas Varsity de escuela:** Muy populares.

Ropa deportiva: El estilo deportivo consiste en parecer una persona atlética y sentirse cómoda al mismo tiempo. Verás a gente llevando ropa como:

- **Zapatos deportivos:** Son cómodos de llevar y proporcionan estabilidad a tus pies para que puedas correr y hacer deporte.

- **Pantalones de deporte/sudaderas:** Los pantalones de chándal y las sudaderas parecen muy cool, pero también son muy acogedores y cómodos. Son estupendos para mantener el calor después de hacer deporte o simplemente estar en casa.

- **Camisetas de tirantes/camisetas:** Estas prendas también son muy cómodas y tienen diseños divertidos.

- **Pantalones cortos de deporte:** Los pantalones cortos deportivos vienen en muchos colores y diseños bonitos. Pueden ser justo por encima de las rodillas o más allá de las rodillas.

Estilo femenino: La ropa estilo *"girly"* es bonita, moderna y femenina. Algunas características populares del estilo femenino son:

- **Estampados coloridos y divertidos:** La ropa de estilo femenino suele tener colores vivos y estampados divertidos, como rayas, lunares y flores.

- **Encajes y plisados:** El encaje y las telas plisadas tienen un aspecto muy bonito y son agradables al tacto cuando los llevas puestos.

- **Faldas y vestidos con vuelo:** Las faldas y los vestidos con vuelo también son populares en los estilos femeninos.

- **Detalles tiernos:** La ropa femenina tiene muchos detalles bonitos, como lentejuelas, cintas de colores y lazos.

Estilo patinadora: Los patinadores (o *'skaters'*) que corren la patineta, visten ropa que les permite moverse rápida y cómodamente. Aquí tienes algunos ejemplos de cómo les gusta vestir a los del estilo *skaters*:

- **Equipo de protección:** Las prendas protectoras, como coderas, rodilleras y cascos, mantienen a salvo a los patinadores para que no se hagan daño mientras patinan.

- **Gorros y sombreros:** Los gorros y los sombreros son muy populares. Obviamente, porque les dan estilo, pero también porque les ayudan a mantenerse calientes cuando hace frío y a que el sol no les dé en los ojos.

- **Zapatos deportivos:** A los *skaters* les gusta llevar todo tipo de tenis de marcas populares. Además, deben elegir modelos con un buen agarre y una suela plana para estar seguros sobre su patineta.

- **Pantalones de mezclilla y cortos:** Los patinadores suelen llevar "jeans" y "shorts" amplios para moverse con rapidez sobre sus patinetas. Pero si no están patinando, a muchos patinadores les gusta llevar pantalones vaqueros ajustados.

- **Camisetas:** Los patinadores llevan camisetas un poco anchas o flojas que pueden tener un dibujo o un escrito en la parte delantera que muestre sus marcas o palabras favoritas sobre el patinaje.

Estilo Hip-hop: El hip-hop es un tipo de música, y la gente que hace música hip-hop suele vestir de una determinada manera. Está de moda y es genial; la ropa de estilo hip-hop crea un aspecto único que muestra tu amor por la música. Aquí tienes algunos ejemplos del estilo hip-hop:

- **Gorras de béisbol:** Las gorras de béisbol son populares en el estilo hip-hop; a algunas personas incluso les gusta llevarlas al revés.

- **Sudaderas con capucha:** Las sudaderas con gorro estilo hip-hop suelen ser de estilo holgado (de tallas grandes, cómodas).

- **Zapatos deportivos:** Los tenis dan al vestuario que llevas un aspecto fresco y son cómodos.

- **Ropa más ancha:** los artistas de hip-hop bailan mucho, por lo que llevar ropa de la llamada *"baggy"*, o demasiado ancha, les permite moverse mejor.

Estilo intelectual: Puede que hayas oído llamar "nerd" a algunas personas de tu escuela porque sacan notas excelentes y tienen un aspecto determinado. Podrías decir que Harry Potter parece un 'nerd'. Ser intelectual o nerd es genial; significa que eres inteligente y sabes lo que quieres, por eso el look nerd se ha hecho tan popular. Aquí tienes algunos ejemplos de la ropa que podrías ponerte para crear el look intelectual:

- **Corbatines:** Las corbatas de lazo son un accesorio 'nerd' muy popular; puedes llevarlas con una camisa abotonada, un chaleco o incluso con una camiseta.

- **Lentes:** Las personas que visten con estilo 'nerd' llevan lentes aunque no tengan mala vista.

- **Camisas con botones:** Las camisas abotonadas con estampados o dibujos son una opción popular para los que les gusta el estilo de vestir intelectual.

- **Camisetas:** Una camiseta de estilo 'nerd' puede tener palabras o dibujos relacionados con ser inteligente.

Estilo bohemio: El estilo bohemio también se conoce como "Boho", y consiste en expresar que eres un espíritu libre y vives un estilo de vida despreocupado.

- **Prendas holgadas:** Las blusas de estilo bohemio son amplias y quedan sueltas.

- **Bordados:** Bordar es decorar materiales con lentejuelas, botones y hacer dibujos con aguja e hilo. El bordado da a lo que lleves puesto un aspecto único y lo hace destacar.

- **Vestidos/faldas fluidas:** Los vestidos y las faldas suelen ser vaporosos, con estampados brillantes o fuertes.

Kawaii: Puede que uses vestidos de estilo kawaii, pero no sabes lo que significa en realidad, así que te lo diré. "Kawaii" es una palabra japonesa. Significa "lindo" o "adorable". ¿Verdad que es bonito? ¿Quieres ser linda y adorable? Si es así, kawaii es tu estilo. Aquí tienes algunos ejemplos de la ropa que llevarías para crear el estilo kawaii:

- Mamelucos con un diseños divertidos.

- Vestidos camiseros extragrandes con palabras o dibujos bonitos y faldas con pliegues.

- Vestidos de patinadora con motivos divertidos, como personajes de dibujos animados, rayas y lunares.

- Vestidos tipo de muñeca con lazos, encajes, volantes y colores pastel

La chica que acepta sus puntos fuertes y sus debilidades

Estilo hip-hop

Estilo rockero: Aquí tienes algunos ejemplos de la ropa que te pondrías para crear el look estilo rockero:

- Una chaqueta negra de cuero falso.

- Una chaqueta de mezclilla azul.

- Una camiseta con la foto de tu grupo favorito.

- Tus jeans favoritos.

- Botines.

Lo genial de conocer todos estos estilos diferentes es que no tienes por qué limitarte a uno solo. Puede que un día te apetezca ir como un 'nerd'; al siguiente, como una patinadora, y otro día te apetezca vestir con un estilo femenino. Básicamente, viste como tú te sientas y no como creas que los demás esperan que vistas.

Aquí tienes un rápido recordatorio de lo que acabas de leer y de los 9 estilos que verás a Leonora vestir y que quizá te gustaría lucir a ti también:

- La ropa que eliges dice mucho de la persona que eres porque consigues expresar tu personalidad, tus intereses y tu estado de ánimo.

- Estos son algunos estilos que puedes llevar, como el urbano, el deportivo, el femenino, el hip-hop, el intelectual, el bohemio, el kawaii, el 'skater' y el rockero. Hay más estilos de moda, pero he elegido los más apropiados para niñas preadolescentes.

La moda puede hacerte experimentar y ser creativa. Probar diferentes estilos puede ser divertido. Sal de tu zona de confort con nuevos looks y ¡aumenta tu confianza en ti misma!

En el capítulo seis, aprenderás cómo empezar a crear tu estilo único haciendo algo emocionante. ¡Sé que te va a encantar!

Capítulo 6

6

Cómo hacer un tablero de tendencias de moda y desarrollar tu propio estilo

"Confianza. Si la tienes, puedes hacer que cualquier cosa luzca bien." ~ DVF

AHORA QUE ya conoces todos los diferentes estilos, ha llegado el momento de crear tu propio tablero de tendencias. En caso de que no sepas lo que es un tablón de tendencias, déjame que te lo explique bien.

Bien, ¿recuerdas que te conté que fui diseñadora de moda? Pues, cuando diseñamos ropa, la primera etapa es hacer un tablero de ideas (collage), y se lo enseñamos a las tiendas o a los clientes. A veces les encanta, otras no tanto. Si les gusta nuestra inspiración en el panel de inspiración, comprarán nuestra colección de ropa. Si no les gusta mucho, realizamos algunos cambios juntos.

El tablero de ideas es como un gran collage (un collage es una colección de fotos e imágenes pegadas en una hoja de papel). En el tablero, pones fotos de ropa que puedes haber impreso del Internet o recortado de periódicos, revistas y dibujos. También puede tener diferentes colores, tejidos, texturas y fotos o dibujos de peinados que te gusten. Básicamente, cualquier cosa que te ayude a expresarte.

Todo lo que añadas a tu tablero de tendencias de moda te dará una mejor idea de cómo quieres que sea tu estilo. Porque es genial tener una idea en la cabeza y verla en la vida real, ¿verdad? Y eso es lo que te ayuda a hacer un tablero de ideas de moda. Define tu visión o el estilo que quieres expresar.

Pero la mejor parte es que le enseñarás el tablero de tendencias a tu mamá. Ella puede ser la tienda o la clienta y decirte si le gusta o no. Si le gusta tu 'mood board', estupendo. Si no, entonces crea con ella un tablero de ideas con un estilo más apropiado para tu edad. Cuando llegue el momento de comprar y elegir la ropa, tu mamá y tú entenderán mejor lo que te gusta.

Piezas del tablero de tendencias de moda (COLLAGE)

Lo que pongas en tu tablero de tendencias depende de ti, pero aquí tienes una lista de los materiales necesarios para hacerlo:

Fotos: Puedes tomar las fotos tú misma o pedirle a tu mamá o a otro adulto que las tome por ti. Por ejemplo, cuando vas a una tienda y ves algo que te inspira o puede que una amiga o un familiar vista algo que te guste. Pregunta y toma la foto.

Dibujos: Si no puedes encontrar en Internet o en una revista una imagen exacta de lo que tienes en mente, puedes dibujarla.

Colores: Puedes utilizar tus colores favoritos y pintarlos en el tablero con marcadores o crayones.

Texto: El texto te ayudará a describir tu pensamiento. Por ejemplo, puedes poner palabras como feliz, colorido, muy chulo, estelar, explosivo, increíble, sensacional, fantástico, informal y maravilloso.

Textura: Los tablones de ideas quedan muy bien cuando están decorados con cosas de la naturaleza o de la vida cotidiana, como flores, plantas, papel quemado, tela, trozos de madera, boletos de avión y trozos de revistas.

Cómo hacer un tablero de tendencias de moda

Ahora que sabes qué es un tablero de tendencias de moda y las piezas que necesitarás, es hora de hacer uno. ¿Estás preparada?

Paso 1: Busca ideas – ¿Qué palabras e ideas te vienen a la mente cuando piensas en lo que te gustaría poner en el tablero de tendencias de moda? Podrían ser palabras como elegante, genial, tendencias, colores y diversión.

Paso 2: Decide el tablero – Escoge el tablero que vas a utilizar para tu tablero de tendencias. Puedes hacerlo en un tablero duro o ligero ,de poco peso Si no estás segura, quizá quieras ir a la tienda para darte una mejor idea de cómo son los tableros.

Paso 3: Inspírate - Puedes inspirarte en cualquier parte, en la televisión, la música, tus amigas, actrices, modelos, deportistas, dibujos animados, anime y la naturaleza.

Paso 4: Reúne tus materiales - Una vez que hayas decidido lo que vas a hacer con tu tablero de ideas, es hora de empezar a reunir los materiales. Esto es lo que necesitarás (puede que no utilices todos los elementos, pero te estoy dando una idea).

- El tablero

- Pegamento

- Tijeras

- Revistas

- Periódicos

- Fotos

- Pedazos de telas

- Cosas que hayas recogido del exterior

- Marcadores/plumas/lápices

- Lápices de colores

- Regla

- Botones

- Lentejuelas, brillos/pedrería y cintas

- Ejemplos de diferentes colores que puedes hacer usando lápices de colores

Paso 5: Prueba lo que funciona – Tu tablero de tendencias de moda te llevará tiempo y esfuerzo hacerlo, y no pasa nada si lo empiezas y decides que no te gusta cómo queda y quieres empezar de nuevo. Puedes volver a empezar tantas veces como necesites hasta que estés satisfecha con su aspecto. El tablero de tendencias de moda expresará tu estilo único.

Cómo crear tu propio estilo

Hola, chicas, soy yo, Leonora; de nuevo, espero que se hayan divertido leyendo sobre todos los diferentes estilos y el tablero de tendencias de moda. Yo tengo un tablero de tendencias y me encanta. Bueno, el primer tablero que hice no le gustó mucho a mi madre. Me dijo que tenía demasiado negro en el tablón. A mí me encanta el color negro; sé que es un poco extraño para alguien que tiene 11 años...

Juntas añadimos más colores que eran mejores para mi edad. Pero dejamos algo de negro en el tablero de tendencias , y eso me hizo muy feliz. Al final, mi mamá y yo estábamos contentas con el tablero de tendencias de moda. A veces tengo ideas diferentes, y añado o cambio el tablero de ideas, así que tú también puedes hacer lo mismo con el tuyo.

Ahora ha llegado la parte realmente divertida, que es aprender a crear tu propio estilo. Por eso te he hecho todas esas preguntas antes; te facilitará mucho las cosas.

Pero antes de empezar, quiero que sepas que, aunque siempre me ha gustado la moda, yo no sabía muy bien cómo vestirme, y tardé un tiempo en crear mi propio estilo.

Quiero que tu estilo te resulte fácil, y por eso estoy aquí para ayudarte. Entonces, ¿estás preparada para crear tu propio estilo? Pues vamos a empezar.

En realidad, permíteme decir esto antes de empezar. Solo tengo 11 años, y como soy tan joven, tuve que pedirle a mi mamá que participara en la creación de mi estilo. Mi mamá quería que fuera feliz, así que estuvo de acuerdo con la mayoría de mis cosas, pero no estaba de acuerdo con algunas de mis prendas porque decía que era demasiado joven para ellas.

Así que, antes de empezar, pregúntale a tu mamá, seguro que estará contenta con lo que tú elijas, pero asegúrate, ¿de acuerdo?

Empieza con lo que te gusta

Hasta los ocho años, mi mamá me escogía toda la ropa; a veces, no me gustaba. Estaba agradecida de que mi madre me comprara ropa, pero cuando me miraba en el espejo, a veces no me sentía segura. No quería decirle que no me gustaba mucho la ropa que me compraba porque no quería herir sus sentimientos. En lugar de eso, le dije que quería empezar a comprarme (por supuesto, con su ayuda) mi propia ropa.

Por supuesto, quiso saber de dónde iba a sacar el dinero. Entonces le dije que quería empezar a lavar los coches y a ayudar más en casa. Al principio no le gustó mucho la idea, pero la convencí, y sí, así fue como empecé a ganar una pequeña cantidad de dinero.

Más tarde, mi madre se alegró mucho de su decisión porque vio que yo estaba aprendiendo a ahorrar dinero y a tomar decisiones sobre mi ropa con su ayuda. Si tu historia es parecida a la mía, quizá quieras hacer lo que yo hice.

En fin, ve a tu armario, saca toda tu ropa y zapatos favoritos, y coloca la ropa sobre la cama y los zapatos en el suelo. Luego toma una libreta y una pluma y escribe una lista de toda tu ropa y zapatos favoritos y por qué te gusta llevarlos. Escribe cómo te hacen sentir cuando te los pones.

Luego, por favor, vuelve a poner esa ropa y esos zapatos en el armario.Ahora coloca toda la ropa y los zapatos que no te gusta usar en la cama y los zapatos en el suelo.

Escribe una lista de todas las prendas y zapatos que no te gustan, por qué no te gusta ponértelos y cómo te hacen sentir cuando te los pones. Vuelve a guardarlo todo en el closet, porque pronto te diré cómo puedes convertir algunas de las prendas que no te gustan en prendas únicas.

Así que ahora sabes exactamente lo que te gusta y lo que no te gusta de tu vestuario.

Crear un estilo de moda lleva tiempo. Prueba diferentes combinaciones de piezas de ropa y observa qué te gusta. Ponte prendas que te hagan feliz y aumenten tu confianza. Te pongas lo que te pongas, vístelo con confianza. Diviértete con ello.

Experimenta con diferentes estilos

Deberías experimentar con diferentes estilos, porque a veces no sabes lo que realmente te gusta hasta que lo pruebas. Yo no tenía ni idea de que el rock fuera mi estilo hasta que lo intenté; me dije: si esta soy yo. Sigo mezclando y combinando, pero mi estilo principal es el rockero. Recuerda los nueve estilos de moda ilustrados que visto. Puede ayudarte a entender tu estilo un poco mejor, o puedes crear tu propio estilo único.

Esto es lo que debes hacer cuando te inspires en otras personas para saber cómo puedes vestir. Fíjate en los estampados, colores y accesorios y pregúntate si tienen un aspecto interesante, genial o único. ¿Qué fue lo primero que te llamó la atención de su estilo?

A continuación, piensa en cómo puedes añadir algunas de estas cosas a tu estilo. Podrías llevar unas medias bonitas o añadir un toque de color con un pañuelo como la persona que viste.

También puedes inspirarte en revistas y sitios web de moda. Te mostrarán conjuntos completos y cómo crear diferentes estilos y ponerles accesorios.

Recuerda que inspirarse no significa copiar a otras personas, sino tomar ideas de ellas y convertirlas en tuyas. Crear y comprender tu propio estilo aumentará tu confianza, porque la confianza consiste en ser única y expresarte a través de tu ropa.

Utiliza tu herramienta secreta de creatividad

Ahora es cuando crear tu estilo se vuelve realmente emocionante, porque puedes utilizar tu Herramienta Secreta de Creatividad y expresarte como tú quieras. Aquí es donde realmente puedes dejar que brille tu personalidad, y serás como una estrella brillante y resplandeciente dondequiera que vayas. Suena genial, ¿verdad?

Bien, ¿recuerdas que te dije que no tiraras tu ropa vieja porque íbamos a hacerla única? Pues bien, aquí es donde empezamos.

Incorpora accesorios divertidos: Me encantan los accesorios porque puedes vestirte y pensar que no te gusta lo que llevas puesto, pero en cuanto añades algunos accesorios, el conjunto pasa de aburrido a WOW- Aquí tienes algunos accesorios que creo que te gustarán:

- **Cinturones brillantes:** Añadir un cinturón brillante te hará sentir como si llevaras un modelito totalmente nuevo.

- **Gafas de sol extravagantes:** Me encanta llevar lentes de sol de gran tamaño o coloridos; me siento muy cómoda con ellos, y estoy segura de que tú también lo estarás.

- **Sombreros llamativos:** Puedes ponerte sombreros divertidos.

- **Cordones de colores:** Dios mío, no te deshagas de otro par de zapatos hasta que te hayas hecho con unos cordones de colores.

- **Añade broches:** Añade bonitos broches a tu mochila o chaqueta para mostrar tu personalidad.

- **Joyas:** Ponte unos aretes, collares, pulseras o accesorios de colores divertidos.

Haz tú misma tu ropa: Si necesitas aprender qué significa DIY, es "hazlo tú misma" en inglés. Aquí es donde puedes ponerte súper creativa y transformar totalmente algunas de las prendas que no te gustan. He aquí algunos consejos:

- **Añade bordados:** Si quieres dar a tu ropa un aspecto único, añádele bordados con lentejuelas o botones. Pídele a tu madre que te ayude.

La chica que posee una colorida galería de sus propias obras de arte
Estilo boho

- **Pega parches:** Los parches son la cosa más genial del mundo: puedes coserlos o plancharlos en la ropa. Pero asegúrate de preguntar a tu mamá antes de hacerlo y de que esté contigo, porque las planchas están calientes.

- **Marcadores de tela:** Usar marcadores de tela en la ropa es de lo más divertido. Los hay de varios colores y estilos; algunos son permanentes y otros se quitan con la lavada. Antes de dibujar en la ropa, planifica el diseño en un papel. Puede que necesites dos, tres o incluso cuatro intentos antes de que te salga bien, pero debes asegurarte de que está perfecto antes de dibujar el diseño en la ropa, o podrías equivocarte. Consigue todos los colores que necesites y empieza a practicar. Una vez que hayas creado tu diseño único, dibújalo cuidadosamente en tu ropa.

- **Pintura lavable no tóxica:** No tóxica significa que la pintura no es peligrosa, no te enfermará y es segura de usar. Pero sería conveniente tener más cuidado al utilizar la pintura, porque puede ensuciarse. El proceso es el mismo que con los marcadores para tela: primero creas tu diseño único en papel. Cuando te guste, píntalo sobre la ropa. Hay montones de colores para elegir. Pero antes de empezar, coloca un cartón debajo de la ropa para que la pintura no traspase el material. Cuando hayas terminado, deja la ropa en el mismo sitio para que se seque.

- **Decora:** También puedes decorar la ropa con pedrería, tachuelas, lentejuelas, cintas, botones y cuentas. Tendrás que ir con tu mamá a la tienda a comprar un pegamento potente, para que tus adornos se peguen bien a la ropa.

- **Prueba distintos peinados:** A mí me encanta hacerme peinados diferentes.

Cómo dar estilo a tu ropa

Tu ropa es muy divertido. Puedes hacer mucho más con tus prendas de vestir de lo que crees. Aquí te comparto algunos consejos:

- Añade un toque de color a un vestido claro con zapatos deportivos o joyería de colores.

- Mezcla estampados combinando un pantalón corto floral con una blusa de rayas.

- Combina un overol (o jumpsuit) con una chaqueta vaquera y tenis.

- Realza la cintura de un vestido añadiéndole un cinturón.

- Combina unos leggings de color liso con una blusa estampada.

- Anuda una camisa abotonada sobre una camiseta con estampado gráfico y unos pantalones cortos.

- Ponte una chaqueta de mezclilla sobre un vestido floral.

- Haz un fajado francés con una camiseta gráfica dentro de una falda de estilo patinadora (skater)

"¿Qué es un fajado francés?" te oigo preguntar. Básicamente, un fajado francés consiste en meter la parte delantera de la camisa que es un poco ancha dentro de la falda o pantalones pero dejando por fuera y que cuelgue la parte de atrás de la camisa.

Diviértete y ten confianza

Crear tu propio estilo es una experiencia realmente divertida y emocionante. Créeme, te va a encantar cuando todo empiece a encajar .. Encontrar tu estilo consiste en sentirte segura de ti misma y hacer lo que te gusta. No se trata de intentar ser igual que los demás, sino de ser única y amar lo que eres para que el mundo pueda ver lo increíble que eres.

Es lo más fantástico del mundo: expresarte como tú quieras a través de tu ropa. Se acabaron los vestidos un poco raros con volantes que te compra tu mamá, ja, ja, ja. A menos que tú quieras, claro. En cualquier caso, una vez que te pongas a crear tu propio estilo, ¡te lo pasarás en grande!

Me alegro de que hayas llegado hasta el final conmigo, y espero que hayas empezado a crear tu estilo, a verte fabulosa y a ganar cada vez más confianza. Por si has olvidado algunas de las cosas de las que hablamos, aquí tienes un rápido recordatorio:

- Un tablero de tendencias de moda te ayuda a expresarte y a decidir qué estilo de ropa quieres vestir.

- Tú creas tu estilo partiendo de lo que te gusta y experimentando con diferentes estilos.

- Tu herramienta secreta de creatividad te ayudará a dar un toque personal a tu ropa.

- Hay muchas diferentes maneras de darle estilo a tu ropa.

- Diviértete y ten confianza en ti misma a la hora de crear tu propio estilo

Cumpleaños DIY (Do It Yourself)

Antes de irme, quiero darte una idea y contarte cómo celebro mi cumpleaños. Esto es lo que hago con mamá. Mi regalo es ir a una tienda de telas y comprar lo siguiente: cuentas de cristal acrílico, brillantes de imitación, escojo los baratos que también sirven, telas con diseños bonitos y artísticos, cintas, adornos, botones y parches.

Entonces llamo a unas amigas, las invito a mi fiesta de cumpleaños y les digo que traigan una prenda de ropa vieja. ¿Te imaginas la primera vez que les invité a mi fiesta? Pensaron que les estaba gastando una broma. Mis amigas vinieron con su ropa vieja. Adornamos y embellecimos la ropa con lo que compré en la tienda de telas. Fue increíble.

Nosotras mismas renovamos nuestra ropa vieja. Ah, y si lo decides hacer, acuérdate del pegamento.

Antes de que leas el siguiente capítulo, quiero decirte una cosa más. Aunque ahora hago todas estas cosas de la moda, antes no tenía mucha confianza en mí misma.

Pero, ¿quieres saber cómo me volví segura? Practiqué. Y en el capítulo siete te lo contaré todo, ¡nos vemos allí!

Capítulo 7

7

Practica la confianza

"La felicidad y la confianza son las cosas más bonitas que puedes lucir." ~ Taylor Swift

HOLA, SOY YO, LEONORA, otra vez. Quiero empezar presentándote a mi perro Rocco. Es tan lindo, y lo quiero con todo mi corazón. Cuando no estoy en la escuela, me sigue a todas partes. Lo saco a pasear todas las mañanas y todas las tardes con mi mamá. Ahora está aquí conmigo mientras escribo esto; puedes verlo en una de las ilustraciones.

Rocco me ayudó a tener más confianza en mí misma porque cuido de él. Le doy de comer, agua para beber, lo baño y, como ya he dicho, lo saco a pasear. Cuidar de Rocco me hace saber que mi madre piensa que soy responsable, y eso me hace muy feliz.

¿Recuerdas que dije que no siempre he tenido confianza en mí misma? Bueno, ahora tengo confianza porque he pasado mucho tiempo practicando, y sigo practicando para tener confianza. En este capítulo, quiero mostrarte cómo hacerlo y voy a dejar que Marta te lo cuente todo.

Ejercicios diarios para practicar tu confianza

¿Recuerdas que dije que la confianza es como un músculo? Eso es porque cuanto más la usas, más crece, y por eso tienes que practicar la confianza en ti misma, para que cada día tengas más confianza. No te preocupes si ahora mismo no te sientes segura de ti misma; no pasa nada; sigue practicando. Pronto podrás decir con plena seguridad que tienes confianza en ti misma. ¡Choca esos cinco virtualmente si estás lista para practicar la confianza en ti misma!

Sé positiva: Ser positiva significa que intentas encontrar algo por lo que estar contenta, en vez de pensar en todas las cosas por las que no estás contenta. Leonora me contó que un día le dolía el estómago y no se sentía bien. Tuvo que tomarse el día libre para recuperarse. Leonora no estaba muy contenta porque era el Día de Pijamas en la escuela y se lo iba a perder. Se trata de una idea de los alumnos para recaudar fondos, consiste en recoger donativos para los niños a cambio de que vengan a la escuela en pijama durante un día.

Por supuesto, Leonora estaba triste porque iba a perderse aquel día tan divertido. Pero en vez de pensar en su dolor de estómago y en perderse el día del pijama, Leonora pensó en lo agradecida que estaba por tener una madre que la amaba y cuidaba de ella cuando estaba enferma. Cuando pensó en todas las cosas buenas que tenía en su vida, se sintió bien consigo misma, y cuando te sientes bien contigo misma, tienes mucha más confianza. Así que, la próxima vez que te ocurra algo que no te haga feliz, piensa en las cosas buenas de tu vida, como tus hermanos y hermanas, todos los posibles días de diversión y los buenos amigos que tienes.

Mírate bien: ¿Cómo te sientes cuando llevas la ropa que te gusta? Bien, ¿verdad? Así es, porque cuando te ves bien, te sientes bien. Cuando te miras al espejo y te gusta lo que ves, sonríes y te sientes feliz de llevar una ropa bonita. Sé que no siempre puedes llevar tu ropa favorita porque tienes que llevar uniforme para ir a la escuela. Pero haz un esfuerzo, péinate bien y ponte unas diademas bonitas. Si no llevas uniforme para ir a la escuela, piensa un poco y ponte algo cómodo que te guste y que te haga feliz en la escuela. Luego, los fines de semana, puedes ponerte una ropa fabulosa que tu hayas arreglado con tu creatividad que te haga sentir satisfecha y segura de ti misma.

Come bien: Hola, soy Leonora. A mí me encanta comer dulces, pasteles, chocolates y otras cosas ricas. Pero un día, una muela que tenía en la parte posterior de la boca empezó a dolerme, y tuve que ir al dentista para que me la sacaran porque todo el azúcar de los pasteles y los dulces que comía había hecho que se me dañara el diente.

No me hizo ninguna gracia, porque me gustan mis dientes y preferiría tenerlos todos en mi boca. Después de eso, decidí empezar a comer verduras y cosas más sanas como me decía mi mamá. ¿Y adivina qué? Me sentí realmente increíble. Y ya sabes lo que pasa cuando te sientes increíble, ¿verdad? ¡Tienes más confianza en ti misma! Cuando empecé a comer cosas sanas, me di cuenta de que no estaba tan cansada todo el tiempo y me resultaba mucho más fácil hacer las cosas. Así que ahora no quiero sentarme delante de la tele hasta la hora de acostarme a comer bocadillos; quiero ser creativa y hacer ropa o ayudar a mi madre en el estudio. Aquí tienes algunas ideas para ayudarte a comer mejor:

- **Vegetales:** Come más verduras con la cena.

- **Frutas:** Después de cenar, come algo de fruta en lugar de una rebanada de pastel.

- **Agua:** En lugar de beber bebidas azucaradas todo el tiempo, bebe más agua.

- **Bocadillos:** En lugar de comer papas fritas y chocolate, come cosas como frutos secos, yogur y galletas de arroz.

- **Comida rápida:** Acostumbraba a comer comida rápida dos veces por semana. Ahora solo como una comida rápida cada dos semanas.

Cuanto más sano comas, mejor te sentirás; cuanto mejor te sientas, más segura de ti misma estarás. Y eso es lo que buscamos, ¿verdad? Espero haberte ayudado.

Lleva un diario: Llevar un diario es muy divertido, y te aseguro que te encantará. Rocco te dice: "Hola". Por cierto, ¡es tan adorable! Deja que te cuente por qué escribir un diario es tan genial. Tu diario se convierte en cierto modo en tu mejor amigo. No solo te ayuda a ser mejor escritora, sino que puedes contarle cualquier cosa a tu diario y hablar de cosas que no te sientes cómoda comentando con nadie más. Entonces, ¿estás lista para empezar a escribir tu diario? Perfecto, aquí tienes cómo hacerlo:

- **Escoge un diario:** Elegir un diario es divertido porque hay muchísimos para escoger. Incluso puedes comprar uno liso y decorarlo tú misma.

- **Escoge una hora:** Yo prefiero escribir en mi diario después de cenar. Puedes escoger la hora que quieras.

- **Escribe:** Yo prefiero escribir en mi diario después de cenar. Tú puedes escoger la hora que quieras.

- **Haz dibujos:** A mí me encanta dibujar, así que hago muchos dibujos en mi diario.

- **Ponte metas:** Es muy importante fijarse metas para que todos tus sueños puedan hacerse realidad. Escribe todas tus metas en tu diario.

- **Mantenlo en privado:** Tu diario es tu libro privado para escribir sobre las cosas que son importantes para ti. Yo no enseño lo que he escrito en mi diario a mis amigos(as); es mi libro especial.

Llevar un diario me da más confianza porque me proporciona un espacio seguro para expresar lo que siento. Me hace sentir fuerte y valiente, porque hay que ser valiente para hablar de lo que realmente se siente. Aquí está de nuevo Marta con ustedes.

Háblate a ti misma con amabilidad: Hablarte con amabilidad todos los días te hará tener más confianza en ti misma, porque estarás diciendo cosas agradables sobre ti. Hay días en los que no te sientes de lo mejor. Puede que no hayas sacado buenas calificaciones en la escuela, o que hayas discutido con una amiga. Pero cuando te dices cosas bonitas, te sientes mejor. No te hables con amabilidad solo cuando no estés teniendo un buen día; háblate con amabilidad todos los días. Aquí tienes algunas palabras bonitas que puedes decirte a ti misma:

- Yo puedo hacerlo.

- Yo soy especial y única.

- Tengo confianza en mí misma y soy valiente.

- Estoy orgullosa de todo lo que he logrado

El ejercicio del espejo: Nos miramos en el espejo todos los días para asegurarnos de que nos vemos bien; pero ¿sabías que puedes utilizar un espejo para algo más que para revisar tu aspecto? Sí, puedes hacerlo. Puedes utilizar el espejo para tener más confianza en ti misma. Es increíble, ¿verdad? Deja que te diga cómo. Cuando te miras al espejo, puedes fijarte en todo aquello de lo que te sientes orgullosa. Para hacer el ejercicio del espejo, tendrás que ponerte delante del espejo y hablarte a ti misma en voz alta. Éstas son algunas de las cosas que puedes decirte:

- Estoy orgullosa de cómo me he peinado hoy.

- Estoy orgullosa de la camiseta que me hice.

- Estoy orgullosa de haber sacado una buena calificación en mi tarea de matemáticas

Puedes hacer este ejercicio haciendo una lista de todas las cosas de las que te sientes orgullosa de ti misma y luego ponerte delante de un espejo y leer la lista en voz alta. Cuando hayas terminado el ejercicio, pregúntate a ti misma cómo te sientes y piensa por qué te sientes así. Por ejemplo, podrías sentirte feliz, orgullosa o agradecida.

Sonríe y ríete: ¿Te gusta sonreír y reír? A mí sí. ¿Pero sabías que sonreír y reír puede hacerte más segura de ti misma? Sí, puede hacerlo. Es más probable que sonrías y te rías cuando estás con amigas y familiares. Pero, ¿qué pasa cuando estás sola? He aquí algunas formas de hacerte sonreír y reír:

- Cuéntate un chiste

- Recuerda algo gracioso.

- Mira algo chistoso

Habla y participa en clase: ¿Cómo te sientes al hablar o participar en la clase? Sé que a algunos niños no les gusta porque no quieren decir algo incorrecto. Pero no existe tal cosa como decir algo incorrecto, porque cada uno tiene su propia forma de expresar sus ideas. Hablar en clase te da más confianza, porque cuando compartes tus ideas frente al grupo, demuestras que tienes algo importante que decir. Tu maestro y los demás alumnos de la clase te escucharán y responderán a lo que digas. Cuanto más levantes la mano en clase, más segura te sentirás, sobre todo cuando tus amigos y maestros te digan que les gusta lo que has dicho.

Practica caminar sobre una pasarela: Mi mamá y yo acabamos de sacar a Rocco a dar un paseo. Ha sido muy divertido porque hemos jugado a atrapar la pelota. Tiene una pelotita con la que le gusta jugar. Vamos al parque, y yo lanzo la pelota lejos, y él corre rápido y la recoge, y me la trae de vuelta.

Pues bien, ¿recuerdas que te dije que estaba muy nerviosa antes de hacer el desfile? Bueno, una de las cosas que me dio más confianza fue practicar la forma de caminar en mi casa.

Caminé por el pasillo de casa e hice como si estuviera en el escenario. Me ayudó mucho. Puse un espejo al final del pasillo para poder verme caminando y saber qué tenía que hacer para mejorar. Cada vez que caminaba, tenía que acordarme de mantener la espalda recta y la cabeza alta y tener una actitud positiva, aunque me sintiera nerviosa.

Pero déjame decirte lo más importante. Cuando tengo que caminar delante de tanta gente, Marta me dijo que pensara en cosas que me encanta hacer, como pasear a Rocco o montar en bici. Cuando hago eso, me olvido de la gente que me está mirando y no me pongo nerviosa. Si estás haciendo algo que te pone un poco nerviosa, piensa en cosas que te guste hacer y no te pondrás tan nerviosa. Inténtalo; te sentirás muy bien.

La chica que ama
lo que hace

Estilo
patinadora

Hazte amiga de gente agradable: Cuando tienes buenos amigos, te apoyan y son amables y te hacen sentir importante y valorada. Piénsalo así, imagina que llegas a la escuela con tu mochila que pasaste la noche decorando con distintos materiales. Estás muy orgullosa y te mueres de ganas de enseñársela a tus amigas. Cuando enseñas la mochila a tus amigas, te dicen: " ¡Wow, te ha quedado GENIAL!" Esto te hace sentir orgullosa de tu trabajo y feliz, ¿verdad? ¡Exacto! Por eso necesitas tener buenos amigas, porque te apoyan y te animan y te hacen sentir más segura de ti misma y de tus capacidades.

Hola, soy Leonora otra vez. Tienes ya un montón de cosas que practicar para ayudarte a tener más confianza en ti misma. Debes practicar todos los días; no es necesario que lo hagas todo, pero escoge una o dos cosas para hacer cada día y cúmplelas. A mí me resultó útil llevar una tabla de práctica.

Cuando hayas elegido las dos cosas de lo que acabas de leer, toma una hoja de papel y escríbelas en la parte superior. Luego escribe debajo los números del uno al treinta. Pega el papel en la pared y, cada día, cuando hayas terminado tus ejercicios de confianza, tacha un día. Créeme, cuando hayas marcado treinta días, tendrás mucha más confianza en ti misma.

Para que no lo olvides, aquí tienes un rápido recordatorio de todo lo que has aprendido en este capítulo:

- Cuanto más practiques la confianza en ti misma, más segura te volverás.

- Ponte la ropa que te haga sentir más segura de ti misma.

- Come más fruta, verdura y bocadillos saludables. No comas demasiada comida rápida.

- Lleva un diario y escribe sobre todas las cosas que son importantes para ti.

- Háblate a ti misma con palabras que te hagan sentir feliz y positiva.

- Mírate en el espejo todos los días y di que estás orgullosa de ti misma.

- Sonríe y ríete contándote chistes a ti misma.

En el próximo capítulo, vas a aprender algo realmente genial. Es la cuarta herramienta para la confianza, y es súper importante. Si quieres saber de qué se trata, te invito a que sigas leyendo.

Capítulo 8

8

La confianza social

"Creo que las habilidades sociales se aprenden mezclándose con la gente." ~ Joe Morgan

HEY, ESPERO QUE TE ESTE YENDO GENIAL y estés lista para aprenderlo todo sobre la cuarta herramienta para la confianza, las habilidades sociales. ¿Sabías que las habilidades sociales son como un súper poder? Pueden ayudarte a conectar y hacer amigos, a tener relaciones estupendas y a sentirte más CONFIADA a la hora de conocer gente nueva. ¿Has ido alguna vez a la fiesta de cumpleaños de un amigo(a) y te has sentido un poco nerviosa porque había un montón de niños nuevos que no conocías? Pues ya no tendrás que volver a sentirte así porque, en este capítulo, vas a aprenderlo todo sobre las habilidades sociales y sobre cómo aumentar tu confianza social.

¿Qué son las habilidades sociales?

Las habilidades sociales consisten en comprender cómo nos expresamos y actuamos ante los demás. Se trata de tratar a todo el mundo con respeto y amabilidad. Cuando tienes buenas habilidades sociales, puedes hablar con otras personas y escucharlas de forma que se sientan bien y escuchadas. Esta habilidad, o súper-poder como a mí me gusta llamarla, es un súper-poder que te hace socialmente segura. Cuando eras pequeña, probablemente tu madre te enseñó a presentarte cuando conocías a alguien nuevo. Quizá te dijo que dieras una sonrisa amistosa, estrecharas la mano y dijeras palabras educadas como "por favor" y "gracias" para mostrar tu aprecio y gratitud. Puede que tu mamá también te enseñara a escuchar correctamente lo que dicen los demás y, cuando te toque hablar, a decir las cosas de forma que demuestres que te importan.

Las habilidades sociales también consisten en comprender cómo se sienten los demás y demostrar que comprendes siendo amable y afectuosa. Se trata de ser paciente con los niños que necesitan ayuda para entender las cosas tan rápido como nos gustaría, y de asegurarse de que todos se sientan bien e incluidos. A veces, puede que no estés de acuerdo con lo que dice alguien, y eso está bien. Piensa en lo aburrido que sería el mundo si todo el mundo dijera siempre exactamente lo mismo. A mí no me gustaría, ¿y a ti? Cuando tienes buenas habilidades sociales, sabes llevarte bien con la gente aunque no estés de acuerdo con ella. Tener buenas habilidades sociales significa que todo el mundo está contento porque puedes discutir sobre las cosas y encontrar soluciones.

Me encanta ser 'Cerebrito'

Estilo Nerd

Tipos de habilidades sociales

Hay muchas diferentes habilidades sociales que puedes aprender. Cuando seas mayor, sabrás más cosas sobre las habilidades sociales, pero, por lo pronto, las que te voy a contar ahora te ayudarán mucho.

Hablar: Al igual que ser creativa, hablar es una forma mágica de expresarte. Es como tener un cofre secreto lleno de palabras que puedes abrir siempre que quieras contarle algo a alguien. Así compartes tus pensamientos, sentimientos e ideas con los demás. Si estás contenta, triste, curiosa o emocionada, hablando es como lo dejas salir todo para que todo el mundo pueda oír tu voz.

Hablar también es como un puente especial que te conecta con las personas con las que quieres hablar. Te permite compartir historias, hacer preguntas y aprender de otras personas.

Una de las cosas más geniales de hablar es que puedes compartir historias con la gente. Las historias son fantásticas porque pueden tratar de muchas cosas diferentes, como sueños y aventuras. Al contar historias, llevamos a los demás a un viaje mágico en el que podemos hacerles sonreír y reír.

¿Te gusta aprender cosas emocionantes? A mí sí, y a Leonora también. Dejaré que ella te cuente por qué le gusta aprender cosas emocionantes.

¡Hola, amigas! Aquí Leonora entrando de nuevo en el chat. Acabo de dar de comer a mi perro, Rocco. Tenía mucha hambre y se ha comido toda la comida, ja, ja, ja. Me encanta ver a Rocco comer; cuando su comida está lista, se emociona y mueve la cola rápidamente. Pero lo más interesante es que cuando me olvido de que es su hora de comer, se queda de pie delante de mí y me mira fijamente durante mucho rato. No ladra; me mira fijamente a los ojos como si quisiera decirme algo. Entonces me acuerdo. Perdona, Rocco, se me ha olvidado que es hora de comer tu "pollito". Entonces, después de correr juntos, le doy de comer su "pollito". Créeme, Rocco entiende inglés y español.

Bueno, por si te estás preguntando qué tiene que ver Rocco con el aprendizaje, déjame que te lo cuente. ¿Recuerdas que te dije que me regalaron a Rocco para mi cumpleaños? Rogué a mis padres que me lo regalaran, y me dijeron que podría tener uno si aprendía todo lo que había que saber sobre el cuidado de un perro. Prometí a mis padres que empezaría a aprender sobre perros, y eso hice. Mi madre encontró muchos vídeos en Internet y leí algunos libros sobre el cuidado de los perros.

Pero lo más emocionante que aprendí sobre los perros fue de una señora ya mayor de edad llamada Hilda, que vive enfrente de mi casa. Tiene una perra grande y marrón llamada Cleopatra, a la que quiero mucho. Ella y Rocco son ahora mejores amigos, y a veces salimos a pasear Cleopatra y Rocco juegan juntos en el parque. Aunque los libros y los vídeos eran buenos, aprendí mucho de ellos, y las personas que los escribieron son realmente inteligentes, la Sra. Hilda me enseñó mucho más sobre los perros.

Pero la razón principal por la que aprendí tanto de ella fue porque podía hacerle preguntas. Mi mamá y yo íbamos a casa de la señora Hilda todos los viernes por la noche para aprender sobre perros, y siempre llevaba conmigo una lista de preguntas.

Como ya he dicho, los vídeos y los libros eran buenos, pero yo no podía hacer preguntas, y así es como se aprenden cosas interesantes, haciendo preguntas. Hacerle preguntas a la Sra. Hilda también me dio más confianza para hacer preguntas en clase, porque cada vez que le preguntaba algo a la Sra. Hilda, ella siempre decía: "Es una pregunta excelente, Leonora; nunca había pensado en eso antes".

Después de eso, empecé a hacer más preguntas en clase, y mi maestra estaba muy contenta conmigo porque eso demostraba que quería aprender más. Así que, chica, haz más preguntas cuando hables con alguien y aprenderás mucho más, ¿de acuerdo? Eso es todo lo que tengo que decir por ahora, ha sido estupendo volver a hablar contigo, ¡y volveré pronto! Aquí está Marta de nuevo.

Leonora es increíble, ¿verdad? Espero que hayas aprendido mucho de ella, porque yo definitivamente aprendo algo. Cuanto más practiques hablar, mejor se te dará. Aquí tienes algunos consejos para ser una mejor oradora:

- **Lee más:** Cuanto más leas, más palabras aprenderás, y cuantas más palabras sepas, más tendrás que decir cuando hables.

- **Habla más:** A algunos niños no les gusta hablar delante de la clase porque no quieren equivocarse. Pero hablar delante de la gente es una forma estupenda de mejorar como oradores.

- **Escucha más:** Cuanto más escuches a la gente que habla bien, mejor se te dará hablar. Así que dedica más tiempo a escuchar a tus padres, maestros y a cualquier otra persona que hable bien, y antes de que te des cuenta, serás una excelente persona hablando.

Escuchar: Ahora vamos a hablar de las dos cositas que tienes a los lados de la cabeza. ¿Puedes adivinar qué son? Sí. Tus orejas. Como eres tan lista, seguro que ya sabes que tus orejas sirven para escuchar. Pero escuchar es mucho más que oír con los oídos; aquí te explico por qué escuchar es importante:

- **Comprender a los demás:** ¿Adivina cómo llegas a conocer a la gente? Escuchándolas cuando hablan. Escuchar no consiste solo en oír las palabras especiales que salen de la boca de una persona; consiste en comprender esas palabras. Cuando una persona habla, está expresando sus pensamientos, sentimientos e ideas. Está abriendo la puerta a su mundo, y tú puedes entrar y aprender todo sobre ella si la escuchas con atención. Escuchando de verdad, mostramos a los demás que les respetamos y los valoramos por lo que son.

- **Mejores relaciones:** ¿Cómo te sentirías si nadie te escuchara? ¿Si tus amigos, hermanos, hermanas, mamá y papá se taparan los oídos cada vez que quisieras hablarles? No te sentirías muy feliz, ¿verdad? No solo te entristecería, sino que además les resultaría muy difícil llegar a conocerte. Hazme un favor y piensa un momento en tu mejor amigo(a). ¿Por qué llegaron a ser mejores amigos(as)? Porque cuando se hablaban, se escuchaban y aprendían la una de la otra, ¿verdad? Podrías haberte hecho mejor amiga de cualquier otra persona de tu clase, pero elegiste a tu mejor amiga porque a ambas les gustaban muchas de las mismas cosas y les gustaba la personalidad de la otra. La única razón por la que te sentías tan conectada con tu mejor amiga es porque le escuchabas.

- **Aprender:** ¿Recuerdas lo que dijo Leonora en la sección de expresión oral sobre cómo hacer preguntas le ayudaba a aprender cosas nuevas? Cuando haces preguntas y la persona a la que preguntas te da la información, aprendes escuchando lo que dice. Escuchar es como una aventura, porque podemos explorar nuevas ideas y aprender de los demás. Cuando escuchas al maestro y a tus amigos en clase, y cuando hablas con personas mayores que son muy sabios, como la señora Hilda, amiga de Leonora, aprendes mucho de ellos. Cuando escuchamos, nos enteramos de hechos fascinantes y de historias que nos hacen sentir bien. Escuchar nos ayuda a ser más inteligentes y sabios; es como alimentar nuestro cerebro con todos los alimentos deliciosos que nos gustan.

- **Resolver problemas:** ¿Has visto la película Superman? Por si no lo has hecho, un hombre llamado Clark Kent se convierte en Superman cada vez que hay un problema, y lleva una capa que le ayuda a volar para poder ir rápidamente a resolver el problema. Escuchar es tu capa personal de Superman para resolver problemas. Cuando la gente tiene pensamientos e ideas, escuchar ayuda a llegar a un acuerdo que funcione para todos. Cuando escuchas a la persona con la que hablas y la otra escucha cuando hablas, pueden trabajar juntos para encontrar una solución.

- **Dar apoyo:** ¿Alguna vez has vuelto de la escuela sintiéndote un poco triste? Puede que hayas sacado una calificación baja en un examen y, cuando llegaste a casa, lo único que querías era hablar con alguien. Ya fuera tu hermano, tu hermana, tu mamá o tu papá, querías contarle a alguien todo el día que habías tenido y que te diera un abrazo mientras te decía palabras especiales de consuelo para que te sintieras mejor. Haz lo mismo y apoya a los demás.

- **Hablar mejor:** ¿Has oído hablar a algunos adultos y has pensado: " ¡Qué ganas tengo de ser mayor y poder hablar así!". La buena noticia es que puedes empezar a comunicarte mejor. ¿Quieres saber cuál es el ingrediente secreto para hablar mejor? ¡ESCUCHA! ¿Por qué? Porque cuanto más escuchas hablar a otras personas, más aprendes sobre el tipo de lenguaje que debes utilizar.

- **Respetar las diferencias:** Todos somos únicos; cada uno tiene una personalidad especial; las personas son de colores diferentes y tienen ideas, experiencias y creencias distintas. Todos tenemos algo importante que dar al mundo, y eso te incluye a ti. Escuchar hace que todos se sientan incluidos.

Así que, mis amigas, ahora que sabes por qué escuchar es importante, aquí tienes algunos consejos sobre cómo practicar para ser una mejor oyente:

- **Presta atención:** Cuando alguien esté hablando, dedícale toda tu atención. No mires alrededor de la habitación ni mires el reloj. Cuando alguien está hablando, lo único que debes hacer es mirarle directamente y escucharle.

- **No interrumpir:** ¿Te emocionas cuando alguien está hablando y te lanzas a decirle lo que piensas? Eso se llama interrumpir, y es de mala educación. Cuando interrumpes a alguien mientras habla, le haces creer que lo que dice no tiene importancia. Aunque estés emocionada y dispuesta a decir algo, espera a que la otra persona termine de hablar antes de hacerlo tú.

- **Hacer preguntas:** Realizar preguntas es una forma estupenda de ser un mejor oyente. Tienes que prestar atención a lo que dice la persona para saber qué preguntas hacerle.

- **Sé comprensivo:** Cuando alguien está hablando y expresa sentimientos como felicidad, emoción o tristeza, tienes que escuchar para comprender realmente cómo se siente esa persona. Cuanto más comprendas cómo se siente una persona, más mejorará tu capacidad de escuchar.

Así que, mis amigas, estos consejos te ayudarán a convertirte en una oyente excelente. Recuerda que ser buena oyente es tan importante como ser buena para hablar. Así que ponte las orejas de escuchar y conviértete en la mejor oyente que puedas ser.

Ser divertida: Cuando me ponía enferma de pequeña, mi madre hacía todo lo posible por hacerme reír, porque decía que la risa es la mejor medicina. Quiero que te prepares para una aventura llena de risas mientras aprendes por qué ser divertida es una habilidad social muy importante.

- **Repartes felicidad:** Todo el mundo quiere ser feliz, y por eso ser divertida es como tener una varita mágica que rocía felicidad dondequiera que vayas. ¿Cómo te sientes cuando la gente te hace reír? Te sientes de maravilla, ¿verdad? Por eso es bueno hacer reír a la gente; llena el aire de vibraciones positivas. ¿Te has dado cuenta de que cuando una persona se ríe, todo el mundo empieza a reírse? Porque eso es lo que hace la risa, salta de una persona a otra.

- **Haces amigos:** Cuando conoces a gente nueva y se ríen juntos, es más probable que se hagan amigos, porque reír te hace sentir bien. Reír también hace que te sientas cómodo con la gente de la que te rodeas. ¿Y adivina qué? Tú quieres estar rodeada de gente que te haga sentir bien y cómoda, ¿verdad? ¡Exacto! Por eso ser divertida te ayuda a hacer más amigos.

- **Hace la vida más fácil:** Recuerda que dije que reír es la mejor medicina; funciona en todas las situaciones. Siempre que alguien no se sienta bien, hacerle reír le hará sentirse mejor inmediatamente. Puede que no haga desaparecer el problema, pero al menos la persona podrá reírse aunque siga sintiéndose un poco triste.

- **Ser creativa:** ¿Recuerdas que la tercera herramienta para la confianza era la creatividad? Pues bien, hay muchas formas de ser creativa, y una de ellas es ser divertida. Cuando eres graciosa, te vuelves más creativa porque tienes que pensar en más chistes e historias para hacer reír a todo el mundo.

Todo el mundo tiene un lado divertido, y eso te incluye a ti. Hay muchas formas distintas de ser más divertido, y ahora voy a dejar que Leonora te cuente la primera.

Hola, chicas, soy Leonora. Acabo de terminar mis tareas de matemáticas. Me ha costado un poco, pero ahora se me están haciendo mucho más fáciles. He estado practicando mucho, y mis calificaciones han mejorado, así que mis padres están muy contentos conmigo.

Así que si encuentras algún tema difícil, no te preocupes, dedica más tiempo a practicar y, créeme, mejorarás rápidamente. En fin, déjame que te cuente cómo contar chistes puede convertirte en una persona más divertida.

- **Comparte chistes:** Ya que estamos hablando de reír, he pensado en hacerte reír, así que aquí tienes un chiste. ¿Por qué los ositos de peluche nunca quieren comer nada? Porque siempre están rellenos. Ja, ja, ja. Es gracioso, ¿verdad? ¿Adivinas de dónde he sacado ese chiste? De mi libro de chistes. Tengo un gran libro de chistes, y contiene 100 chistes. Lo leo todo el tiempo, y he aprendido muchos chistes. Un día fui a un restaurante con mi mamá, su amiga Jessica y su hijo Simón. Simón sólo tenía cuatro años y no estaba muy contento, así que lloraba a gritos en el restaurante. Le pregunté a Simón si quería oír un chiste y, a pesar de su fuerte llanto, dijo que sí. Así que le conté uno de los chistes que había aprendido en mi libro de chistes, y su llanto se convirtió en risa. Simón quería oír más y más chistes, así que seguí contándoselos, y él seguía riéndose. Simón no era el único que se reía; todo el mundo se reía porque a mi mamá y a Jessica les hacían gracia los chistes. Aprende un chiste a la semana y todos tus amigos pensarán que eres muy divertida. Te paso de nuevo con Marta. ¡Hasta luego!

- **Sé simpática:** Leonora te habló de contar chistes; ahora voy a hablarte de ser simpática. Ser simple y juguetona es una forma estupenda de ser más divertida. Puedes ser graciosa haciendo voces chistosas, representando situaciones divertidas con tus amigos y jugando a juegos graciosos. Usa tu imaginación y deja que brille tu sentido del humor.

Modales: Seguro que todas las personas que están leyendo tienen buenos modales porque sus padres se lo han enseñado todo. Pero quiero enseñarte algo más sobre lo que significa tener buenos modales.

Si ya conoces sobre esto, puede ser un recordatorio para ti, pero esto es lo que significa tener buenos modales:

- **Respeta a las personas:** Tener modales significa tratar a todo el mundo con respeto. Debes tratar a los adultos con respeto y, cuando hables con ellos, debes llamarles "señor" y "señora". También demuestras respeto utilizando palabras amables cuando hablas con la gente. Debes ser amable con la gente todo el tiempo, aunque no estés de acuerdo con ellos. Porque recuerda que no hay nada malo en que la gente tenga pensamientos e ideas diferentes, porque todos somos diferentes.

- **Modales en la mesa:** Comer en la mesa es un momento especial para disfrutar de la comida y pasar un rato agradable con los amigos y la familia. Tener buenos modales en la mesa significa que haces cosas como esperar a que los demás se sirvan antes de empezar a comer. Masticas con la boca cerrada, utilizas correctamente el cuchillo y el tenedor, dices "por favor" cuando quieres que alguien te pase algo y dices "gracias" a la persona que ha preparado la comida. Te ayudará tener buenos modales en la mesa siempre que comas, incluso en casa, en la escuela, en casa de tus amigos y cuando salgas a comer fuera.

- **Respeta el espacio personal:** Todo el mundo tiene su propio espacio personal. Si tienes tu propia habitación, ése es tu espacio personal. La habitación de tus padres es su espacio personal, y la habitación de tus hermanos es su espacio personal. Los buenos modales también implican respetar el espacio personal de las personas. Puedes respetar el espacio personal de una persona llamando a la puerta y esperando pacientemente antes de entrar. Si quieres que te presten algo, pregunta antes de tomarlo y deja las cosas como las encontraste. Cuando respetas el espacio personal de la gente, demuestras que valoras y te preocupas por ellos.

- **Sé agradecida:** Ser agradecido es como una poción mágica que puede hacer que el mundo sea mucho más alegre y luminoso. Cuando alguien te da algo, por pequeño que sea, es de buena educación darle las gracias. Expresar gratitud hace saber a la gente que la aprecias.

- **Sé educada:** Los buenos modales también tienen que ver con cómo te diriges a la gente. Cuando hables con alguien, utiliza siempre un tono amistoso; y si alguien te está hablando a ti, escucha atentamente lo que dice. No interrumpas a la gente cuando esté hablando; en lugar de eso, espera tu turno para compartir lo que quieras decir. Ser educada también significa que no te burlas de la gente ni compartes chismes sobre otras personas, porque no está bien y no te gustaría que te pasara a ti.

Ahora que sabes lo que significa tener buenos modales, aquí tienes algunos consejos sobre cómo puedes practicar el tener buenos modales:

- **Enseña a los demás:** Enseña a tus amigos(as) lo que significa tener buenos modales y lleguen a un acuerdo entre ustedes de que siempre van a practicar el tener buenos modales.

- **Sé educada:** Di siempre por favor y gracias, aunque parezca que no necesitas decirlo.

- **Sé amable:** Ser amable siempre te ayudará a tener mejores modales, porque ser amable significa respetar a la gente, y respetar a la gente es realmente importante cuando se trata de tener buenos modales.

Ahora que lo sabes todo sobre las habilidades sociales, ¿adivinas qué vas a hacer? ¡Vas a practicar, practicar y practicar! Recuerda, cuanto más practiques, mejores serán tus habilidades sociales, y eso te ayudará a ganar más CONFIANZA. Para que no olvides lo que acabas de leer, aquí tienes un recordatorio rápido:

- Las habilidades sociales consisten en comprender cómo nos expresamos y actuamos ante los demás.

- Hay diferentes tipos de habilidades sociales.

- Tener buenas habilidades para hablar te ayuda a conectar mejor con otras personas.

- Tú puedes aprender a hablar mejor leyendo más y escuchando más.

- Ser divertida te ayuda a transmitir felicidad.

- Puedes aprender a ser más graciosa compartiendo chistes.

- Tener modales es respetar a las personas.

- Tú puedes aprender a tener mejores modales enseñando a los demás, siendo educada y amable.

La capacidad de comunicarte, comprender y respetar a los demás aumentará tu confianza social. Practica tus habilidades sociales y conviértete en una Súper chica.

Tener buenas habilidades sociales también incluye tener un lenguaje secreto. Si quieres saber cuál es ese lenguaje secreto, te lo contaré todo en el próximo capítulo.

Capítulo 9

<u>9</u>

El lenguaje secreto que afecta a nuestra confianza

"Lo más importante en la comunicación es oír lo que no se dice."
~ Peter F. Drucker

HEY! EL LENGUAJE SECRETO se llama lenguaje corporal y forma parte de la cuarta herramienta para la confianza. ¿Sabías que nuestro cuerpo también tiene voz? Es como tener un código secreto que nos ayuda a entender cómo se siente la gente ¡sin que digan ni una palabra!

Básicamente, la gente puede hablar sin hablar. ¿No es increíble? Como un detective en una misión secreta, vas a aprenderlo todo sobre las increíbles formas que tiene nuestros cuerpos de enviarse mensajes unos a otros.

¿Qué es el lenguaje corporal y por qué es importante?

El lenguaje corporal es la forma en que nuestro cuerpo habla y afecta nuestra confianza. Es un lenguaje secreto que no todo el mundo entiende a menos que sepa qué es el lenguaje corporal. Así que bienvenidas al club, chicas, porque después de leer este capítulo, ¡serán unas expertas en lenguaje corporal!

El lenguaje corporal es la forma en que decimos a los demás lo que pensamos y sentimos con nuestro cuerpo; se hace sin hablar. Se expresa a través de los gestos de las manos, las expresiones de la cara y los movimientos.

¿Has jugado alguna vez a un juego llamado "charadas"? Si no lo has hecho, se trata de un juego en el que alguien utiliza sus movimientos corporales (un poco como el lenguaje de signos) para describir algo como el título de un libro, un programa de TV o una película. La persona que hace el lenguaje de signos no puede hablar, y todos tienen que adivinar de qué se trata. El juego de las charadas se parece mucho al lenguaje corporal.

Ahora hablemos de por qué es importante. Pues bien, cuando hablamos con alguien, solo algunas cosas que decimos se expresan a través de nuestras palabras. Aunque no lo sepas, la mayor parte de lo que dices procede en realidad de tu lenguaje corporal. Nos ayuda a comprender cómo se siente realmente una persona o qué quiere decir en realidad, aunque no lo diga.

Por ejemplo, si tu amigo(a) mira hacia otro lado y se cruza de brazos mientras le estás contando una historia, puede significar que tiene otra cosa en la cabeza y no quiere oírla en ese momento. O si tu amigo(a) sonríe mucho y afirma con la cabeza mientras le estás contando una historia, eso demuestra que está interesado(a) y quiere saber más.

El lenguaje corporal es esencial porque nos ayuda a comunicarnos mejor para entendernos. Nos permite saber cuándo una persona está contenta, emocionada, enojada o triste. ¿Tiene sentido? He aquí algunos ejemplos de lenguaje corporal:

Expresiones faciales: A todo el mundo le encanta usar emojis para expresar cómo se siente. ¿Pero sabías que tu cara es tu propio teclado emoji? ¡He descubierto que hay 96 expresiones faciales emoji! Es un número muy grande, ¿verdad? Pero no es ni remotamente parecido al número de expresiones faciales que tenemos los humanos.

¿Sabías que tenemos 31 músculos diferentes en la cara que nos ayudan a hacer más de 10,000 expresiones faciales? ¿Te lo puedes creer? Yo me quedé muy sorprendida cuando descubrí esta información.

Así que, básicamente, los humanos tenemos un lenguaje emoji secreto, y cuando alguien hace una expresión determinada, sabes cómo se siente. Aquí tienes algunos ejemplos de las expresiones faciales que hacemos:

- **Alegres y tristes:** Cuando la gente está contenta, sonríe. Sonreír es como esparcir polvo mágico por todas partes te hace sentir genial, y todo el que te ve se siente genial. Es como dar a alguien un gran abrazo virtual. Cuando estamos tristes o disgustados, puede que se nos encoja la cara y se nos saltan las lágrimas.

- **Fruncir el ceño y hacer pucheros:** Cuando nos sentimos deprimidas y frustradas, es posible que frunzamos el ceño o pongamos mala cara para que los demás sepan cómo nos sentimos. Es como tener una pequeña nube de lluvia sobre la cabeza. Pero no pasa nada por tener esta expresión, porque hace saber a nuestros amigos y familiares cómo nos sentimos y que necesitamos un poco más de cuidado y atención.

- **Emoción y sorpresa:** Imagina que abres un regalo y descubres que es algo con lo que llevas soñando todo el año. Se te iluminaría la cara de emoción y sorpresa, ¿verdad? Cuando nos sorprendemos, nuestros ojos se abren mucho y abrimos un poco la boca.

- **Cejas expresivas:** Quién nos iba a decir que esas cosas con aspecto de oruga que tenemos en la frente podían decir tanto. Pero sí, pueden fruncirse, retorcerse y levantarse para decir cosas diferentes. Cuando estamos sorprendidas o confundidas, nuestras cejas pueden dispararse como cohetes. Cuando estamos preocupadas por algo, se arrugan como un trozo de papel.

La chica que no tiene miedo de ser diferente

Estilo Kawaii

Rocco

- **El lenguaje de los guiños:** Los guiños son los mensajes secretos que enviamos con un ojo. Cuando guiñamos (cerramos) un ojo, estamos diciendo: "Oye, tengo un secreto sólo para ti". Es una expresión facial juguetona que puede hacernos sentir que formamos parte de un club especial. La próxima vez que quieras compartir un secreto, hazle a esa persona un guiño amistoso.

Lenguaje corporal positivo

El lenguaje corporal positivo transmite buenas vibraciones a la gente demuestra que te sientes feliz y con confianza. He aquí algunos ejemplos de lenguaje corporal positivo:

Mantente en pie y orgullosa: Mantenerse en pie y orgullosa con la cabeza alta, los hombros hacia atrás y el pecho hacia fuera demuestra que estamos seguras y preparadas para enfrentarnos al mundo.

Sonríe mucho: Cuando sonreímos, es como irradiar rayos de sol a todos los que nos encontramos. Una sonrisa muestra que somos personas abiertas y amistosas.

Brazos abiertos, corazón abierto: ¿Te has dado cuenta de que cuando alguien cruza los brazos delante de sí, puede parecer , como si no quisiera que nadie se le acercara? No quieres que la gente piense eso de ti, ¿verdad?

Así que, en lugar de cruzar los brazos, mantenlos abiertos. Los brazos abiertos muestran que estás abierto a nuevas experiencias, a nuevas aventuras y a conocer gente nueva.

Asiente, asiente, asiente: Como ya hemos dicho, escuchar es una parte esencial del lenguaje corporal. Cuando alguien nos habla, podemos demostrarle que le escuchamos asintiendo con la cabeza. Eso les indica que entendemos y nos interesa lo que dicen.

Hacer contacto visual: Es importante mantener el contacto visual cuando hablas con alguien, porque demuestra que te interesa lo que tiene que decir y que le prestas atención. Mantener el contacto visual también te ayuda a conectar con esa persona.

Por ejemplo, cuando estás emocionada o feliz, tus ojos pueden iluminarse o brillar. Cuando estás triste, puede que se te salten las lágrimas. Leonora me contó una historia sobre su experiencia con el contacto visual, y quiero que la comparta contigo.

¡Hola, chicas! Acabo de terminar mis tareas de inglés. Me encanta el inglés; es una de mis materias favoritas. Tuve que escribir una historia sobre un hombre que aterriza en la luna, fue muy divertido.

Antes de iniciar mi viaje de confianza, era muy tímida y miraba al suelo o a los pies cuando hablaba con la gente. No me gustaba establecer contacto visual con nadie porque me hacía sentir incómoda.

Un día, mi maestra, la Sra. Jackson, me hizo a un lado y me dijo: Leonora, me encanta oírte hablar porque dices muchas cosas importantes, pero me he dado cuenta de que siempre miras hacia abajo cuando te diriges a la gente, y para demostrar lo mucho que crees en ti misma, tienes que mirar a la gente a los ojos cuando les hables.

Me sentía un poco nerviosa al hacerlo, pero confiaba en la Sra. Jackson y sabía que quería lo mejor para mí, y que si hacía lo que me decía, ya no sería tan tímida, así que decidí intentarlo. Entonces, durante el recreo, me acerqué a la alumna nueva de mi grupo, Gemma, que estaba sentada sola en la mesa. Respiré hondo, la miré a los ojos y le pregunté si podía hablarle de un libro nuevo que estaba leyendo. Me dijo que sí, me senté y se lo conté todo, sin dejar de mirarla a los ojos en ningún momento.

Los ojos de Gemma brillaban de emoción cuando le hablé del libro, y eso hizo que me emocionara y me pusiera menos nerviosa porque le interesaba lo que tenía que decir. Aquel día mi corazón saltó de alegría y, desde entonces, trato de mirar a la gente a los ojos cada vez que hablo con ellos porque me siento confiada a la hora de establecer contacto visual.

Así que chicas, si son como yo, y son un poco tímidas y les cuesta establecer contacto visual, hagan lo que yo hice. Acércate a uno de los chicos(as) amables de tu clase y háblale mirándole a los ojos. Te dará un gran impulso de confianza, ¡y siempre querrás mantener el contacto visual cuando hables con la gente! Mantener el contacto visual es muy importante y demuestra que estás segura de ti misma.

Hola, soy Marta. ¡La historia de Leonora ha sido fantástica! Es muy valiente, ¿verdad? ¿Quieres ser valiente como Leonora? Entonces haz lo que ella te recomiende, practica, practica y practica, porque te dará mucha confianza, y eso es lo que tú quieres, ¿verdad? Eso es estupendo, porque es lo que yo deseo para ti también.

Lenguaje corporal negativo

Lo contrario del lenguaje corporal positivo es el lenguaje corporal negativo, y debes saber en qué consiste para no dar a la gente una idea equivocada. El lenguaje corporal negativo te hace parecer y sentir menos segura de ti misma. He aquí algunos ejemplos de lenguaje corporal negativo:

Pucheros y ceños fruncidos: El lenguaje corporal negativo puede mostrarse a veces en nuestras caras. Cuando fruncimos el ceño, ponemos mala cara o parecemos infelices, los demás también pueden sentirse tristes.

Encorvarse: Cuando agachamos los hombros o nos encorvamos, puede parecer que no tenemos confianza y que no estamos interesados.

Evitar el contacto visual: ¿Recuerdas la historia de Leonora? Su maestra, la Sra. Jackson, se dio cuenta de que Leonora no establecía contacto visual cuando hablaba con la gente y le dijo que lo cambiara porque eso la ayudaría a creer en sí misma.

Cuando no estableces contacto visual con la gente a la que hablas, parece que no estás segura y que no te interesa lo que esa persona tiene que decir.

¿Estás contenta de saber sobre el lenguaje invisible?

La próxima vez que hables con algún amigo(a), observa como mueve su cuerpo y fíjate si puedes oír algo más de lo que sale de su boca.

Además, no olvides practicar un buen lenguaje corporal. Para que no olvides lo que has aprendido en este capítulo, aquí tienes un recordatorio rápido:

- El lenguaje corporal es la forma en que habla nuestro cuerpo; dice más a la gente que nuestras palabras.

- El lenguaje corporal puede incluir expresiones faciales y establecer contacto visual.

- Las expresiones faciales pueden incluir alegría

- El lenguaje corporal positivo te hace sentir y parecer más segura en ti misma.

- El lenguaje corporal negative te hace sentir y parecer con menos confianza en ti misma.

El capítulo diez es el último, y trata de la quinta y última herramienta para la confianza, que es ser una fuerza de bondad.

Sé que ya eres una persona amable, pero puedes aprender a ser más amable y tendrás mucha más confianza. ¿Qué te parece? Bien, veamos qué tesoros mágicos tiene para ti el capítulo diez.

Capitulo 10

10

La compasión en acción

"La compasión hacia los demás comienza con la bondad hacia nosotros mismos." ~ Pema Chodrón

¿Estás lista para poner en práctica la quinta herramienta para la confianza y convertirte en una fuerza de amabilidad? Genial, ¡hagámoslo! Probablemente hayas oído mucho la palabra amabilidad. Quizá tus padres o maestros te hayan dicho que fueras amable cuando te estabas portando un poco mal. La amabilidad es un lenguaje que todo el mundo entiende, no importa de qué país venga una persona. Cuando tratas a una persona con amabilidad, le transmites una sensación de calidez y la haces sentir fantástica. ¿Quieres hacer que la gente se sienta fantástica siendo amable con ella? Genial, abróchate el cinturón para entrar en el mundo mágico de la amabilidad y lo que realmente significa.

Qué es la amabilidad?

La amabilidad consiste en preocuparse por los demás hasta el punto de hacer cosas bonitas por ellos, aunque no los conozcas. La amabilidad es como un gran abrazo mágico para el corazón. Imagina que sales de compras con tu mamá y ves a una señora que está batallando con sus bolsas mientras camina hacia su coche. Cuando la ves, te sientes mal porque está en apuros y le preguntas a tu mamá si pueden ir las dos a ayudarla. La señora estaba muy contenta por la ayuda que le ofrecieron, porque ya no tendría sus manos cansadas. La amabilidad consiste en estar ahí para la gente, aunque no la conozcas bien.

¿Quieres saber por qué la amabilidad es tan grandiosa? Porque no te cuesta nada, ¡es gratis! No necesitas mucho dinero para ser amable; no necesitas nada para ser amable. ¿Quieres saber qué necesitas para ser amable? ¡Un GRAN CORAZÓN! Eso es lo que necesitas. Cuando tienes un gran corazón, quieres marcar la diferencia en el mundo.

La amabilidad consiste en tratar a la gente con respeto, ser una buena amiga, una buena oyente y una buena ayudante. Recordemos ser amables también con nosotras mismas. Ser amable contigo misma significa que te perdonas cuando haces algo mal, que te cuidas y que te hablas con amabilidad.

Además, la amabilidad no consiste sólo en ser amable con las personas que son amables contigo. Ayudaría que fueras amable con todo el mundo en todo momento. Comprendo que no te apetezca hacerlo, pero el mundo no sería un lugar muy agradable si todo el mundo se portara mal con los que se portan mal con ellos. Alguien tiene que ser la persona más noble, y la persona más noble puedes ser tú.

Cómo practicar la bondad

Puedes hacer que la amabilidad forme parte de tu personalidad practicándola cada vez que tengas oportunidad; aquí tienes algunos consejos:

Comparte: Cuando compartes tus cosas con otros niños(as), demuestras que tienes buen corazón. Está bien compartir cosas con tus amigos(as), pero es aún mejor compartir cosas con gente que no conoces. Puedes hacer algo como dar una barra de chocolate a un niño que esté en el parque la próxima vez que vayas al parque con tu mamá.

Amabilidad al azar: Cada día, elige hacer algo amable por alguien. Puede ser decirle a alguien un halago, ayudar a un niño o niña a atarse los cordones de los zapatos o lavar los platos cuando no es tu turno.

Incluye a todos: A veces, los chicos(as) más callados se quedan fuera de las actividades en la escuela. Puede que no les escojan para practicar deportes u otros juegos, o que no les inviten a las fiestas porque los demás no les consideran suficientemente interesantes.Tú puedes ser amable con estos(as) chicos(as) haciendo todo lo posible para que se les incluya en todo.

Di palabras amables: Las palabras amables son tan mágicas como la bondad; contagian alegría y hacen que la gente se sienta feliz. Di palabras amables e intenta por todos los medios no decir nada que pueda molestar a nadie. Puedes decir palabras amables a tus padres diciéndoles lo mucho que les aprecias. Puedes decir un cumplido a tus amigos(as) o decirle algo amable a alguien cuando te lo cruces por la calle. Utiliza tus palabras como si fueran polvo mágico y espolvoréalas allá donde vayas.

Cómo la amabilidad puede aumentar tu confianza

La amabilidad es mágica y fantástica porque no solo hace que los demás se sientan bien, sino que también hace que la persona que está siendo amable se sienta bien, y por eso tiene un efecto mágico en tu confianza. A continuación te explico cómo funciona:

Autoimagen: Practicar la amabilidad te da confianza. Cuando eres amable con una persona o un animal y proteges la naturaleza, estás haciendo del mundo un lugar mejor. Te sientes fenomenal cuando te das cuenta de que tienes algo bueno que ofrecer al mundo.

Mejores amistades: A todo el mundo le gusta tener muchos amigos, pero una buena amistad es aún mejor. La amabilidad consiste en preocuparse por los demás y hacer cosas agradables por la gente que nos rodea. Tener amigos(as) que te quieran y quieran estar siempre a tu lado te hace sentir mucho más segura de ti misma.

Todo regresa: Cuando haces cosas buenas por la gente, los demás harán cosas buenas por ti tambien.. ¿Qué tan increíble te haría sentir eso?

Te da valor: Anteriormente leíste que debes ser amable con la gente aunque ellos no lo sean contigo. Hace falta mucho valor para ser capaz de hacer algo así. Supongamos que un niño de tu clase te dice cosas feas; tú querrías responderle con cosas feas, ¿verdad? Pero ¿adivina qué ocurre cuando les tratas como ellos te tratan a ti? Al final acaban cayéndose mal.

Leonora tiene una historia maravillosa que contar sobre cómo mostrar amabilidad hacia una chica que no la trató bien.

Hola,Chicas. Okay pues recuerden les dije que era antes un poco tímida.Bueno,un día una chica de la escuela no muy agradable mirándome me comenzó a gritar Me gritaba en el pasillo de la escuela Leona en vez de mi nombre Leonora.Decidí ignorarla lo cual creo no fue buena idea porque se me acercó y me haló muy duro mi coleta de caballo.Estaba furiosa pero en ese momento lo único que se me ocurrió hacer fue ir a uno de los salones que estaban vacíos y comenzar a llorar.

Cuando volví a casa, se lo conté a mi mamá, y ella me dijo que la gente herida hiere a la gente, y que lo que ella realmente necesita es amor. Así que, esa noche, mi mamá me ayudó a pensar en cosas bonitas que podía hacer por la chica nada agradable ni amable durante cinco días. No me hizo mucha gracia hacer nada bueno por ella. Estaba disgustada porque mi nombre es Leonora, no Leona, como ella me llamó.

Mi madre me dijo que no me enfadara porque Leona es la versión femenina del león. Mi madre me enseñó una foto de una leona. Era una leona preciosa. Wow, pensé que esos animales eran poderosos y valientes. Está bien, ahora me gusta el nombre de Leona; déjame intentar ser amable con ella.No estaba muy segura de que fuera buena idea . Esto es lo que hice por ella:

- El lunes, le di una paleta de dulce.
- El martes dije que le quedaba bien el peinado.

- El miércoles, le recomendé que leyera un buen libro que yo había leído.

- El jueves, me ofrecí a ayudarla con el inglés..

- El viernes, le di uno de mis emparedados

El lunes de la semana siguiente, me dijo que lamentaba haberme halado el pelo y haberme llamado Leona. Me dijo lo agradecida que estaba por haber sido amable con ella, porque nadie lo era nunca con ella. Nos hicimos buenas amigas después de aquello, y descubrí que lo que decía mi madre era cierto, la gente que ha sufrido tiende a herir a la gente.

Aunque ella no fue amable o buena conmigo, ser amable o buena con alguien me dio el valor. ¿Y si me volvía a halar de las coletas? Pero no lo hizo; en lugar de eso, aprendí que ser buena persona con la gente incluso cuando no son buenos contigo es lo más mágico que se puede hacer, porque puede hacer que una persona que no es agradable ,amable o buena hacia los demás se vuelva amable,buena y agradable., ¿no es increíble?

Así pues, si alguien de tu escuela se porta mal contigo alguna vez, intenta derramar un poco de magia a su alrededor y sé amable con él(ella), a ver qué pasa. Por cierto, ella siguió llamándome Leona. Las dos nos reíamos, y a mí me encantaba el nombre.

Rodéate de personas compasivas y amables que rían contigo

En primer lugar, es importante estar rodeada de personas amables porque son buenas contigo. Lo último que quieres es estar rodeada de gente que no son buenas contigo porque te hace sentir triste y no feliz, y tú no quieres eso, ¿verdad?

Las amigas nos ayudan a tener confianza en nosotras mismas

Cuando alguien es amable y simpático, dice cosas bonitas sobre ti. Cuando te sientes especial y feliz, te sientes más segura de ser quién eres.

Además, deberías querer ser amable con otras personas. Así, cuando estés rodeada de amigos(as) amables, podrás aprender más formas de ser amable con otras personas. La amabilidad es como la gripe, puedes contagiarte cuando estás rodeado de otras personas amables, y eso es bueno. Cuando eres amable con la gente, ellos serán amables contigo.

Ahora hablemos de por qué es importante estar rodeado de gente con la que puedas reírte. ¿Te gusta reír? A mí sí; me encanta; reír es una de mis cosas favoritas porque me hace sentir muy bien. Pero reír es aún mejor cuando puedes reír con otras personas. ¿Recuerdas lo que se siente cuando te ríes tanto con tus amigos que hace que te duela el estómago? Se siente muy bien, ¿verdad? En los días en que te sientes triste, tener amigos que te hagan reír es genial porque no te seguirás sintiendo triste durante mucho tiempo. Además, es estupendo reírse con la gente porque eso nos acerca más.

Es esencial que te rodees de personas que piensen que eres increíble y quieran estar a tu alrededor porque ellas te dan confianza, te aceptan, te apoyan y hacen que tu vida sea divertida.

Permíteme recordarte sobre lo que acabas de leer:

- La amabilidad consiste en interesarse por los demás hasta el punto de hacer cosas agradables por ellos, aunque no los conozcas.

- La amabilidad es genial porque no te cuesta nada.

- Puedes poner en práctica la amabilidad.

- La amabilidad aumenta tu confianza.

- Es importante rodearse de personas compasivas y amables que rían contigo.

Recuerda practicar la amabilidad todo el tiempo para que te conviertas en una gran luz brillante para todos los que te rodean.

Conclusión

EN PRIMER LUGAR, quiero felicitarte por haber llegado hasta el final del libro. Has llegado a la conclusión, y estoy muy orgullosa de ti. A lo largo de este libro, hemos explorado distintas formas de tener más confianza en ti misma. Ahora tienes un estuche de herramientas para la confianza que puedes llevar contigo a todas partes. Aquí tienes un rápido recordatorio de ellas:

Herramienta para la confianza #1: Siéntete cómoda estando incómoda - Sentirte incómoda en realidad te ayuda a ser más segura de ti misma. Cuando pruebas cosas nuevas o te enfrentas a retos que te ponen un poco nerviosa, eso te ayuda a crecer y a aprender. Quizá te dé miedo hablar delante de la clase o tratar un deporte nuevo, pero cuando superas la incomodidad, ¡te das cuenta de que puedes hacerlo! Cada vez que te enfrentas a esos momentos incómodos, te haces más fuerte y con más confianza en ti misma. Así que no tengas miedo de sentirte incómoda, porque así es como adquirirás más confianza en ti misma.

Herramienta para la confianza #2: Cree en ti misma – Creer en ti misma es superimportante. Cuando crees en ti misma, tienes confianza; sabes que, en el fondo, puedes hacer cualquier cosa que te propongas. A veces, las cosas pueden parecer difíciles o dar miedo, pero cuando crees en ti misma, encuentras el valor para seguir adelante. Sabes que eres increíble y que puedes hacer cosas maravillosas. Así que no olvides creer en ti misma, ¡porque eres como una estrella brillante que puede iluminar todo el cielo!

Herramienta para la confianza #3: Creatividad – Una parte de tener confianza es ser única y tener tu propio estilo. Puedes desarrollar tu propio estilo siendo creativa y haciendo algunas de las cosas que Leonora te dijo que hicieras. Como hacer que tu ropa sea bonita decorándola con bonitas piedras, botones ,lentejuelas, y dibujando bonitos dibujos en ella con marcadores. Recuerda que todo el mundo es creativo, y que puedes crear tu propio estilo si te lo propones.

Herramienta para la confianza #4: Confianza social – Tener buenas habilidades sociales es súper importante. Es como tener un código secreto que te ayudará a hacer amigos y a divertirte cuando conozcas a gente nueva. Cuando tienes buenas habilidades sociales, sientes la seguridad de que puedes hablar con la gente, escucharla y entender cómo se siente. Es como tener un súper poder que te ayuda a conectar con los demás. Así que practiquemos esas habilidades y desbloqueemos el poder de la amistad y la diversión.

Herramienta para la confianza #5: Sé una fuerza de amabilidad - Ser una fuerza de amabilidad significa difundir amor, alegría y felicidad dondequiera que vayas. Cuando muestras bondad a los demás, les alegras el día y les llenas el corazón de calidez. Puede ser tan sencillo como compartir una sonrisa, ofrecer una mano amiga o decir palabras amables. Nunca se sabe cuánto pueden significar para alguien tus actos de amabilidad. ¡Así que seamos súper-chicas de la bondad y hagamos del mundo un lugar mejor con un acto de amabilidad a la vez!

Una de las cosas más importantes que debes recordar es que la confianza no consiste en ser perfecta, sino en aceptar quién eres. Eres única y eso es lo que te hace especial. Cuando aceptas tu verdadero yo, puedes brillar más que cualquier estrella del cielo. Recuerda que siempre puedes trabajar en tu confianza; es como un músculo que se fortalece con la práctica. Puede que haya momentos en los que te sientas un poco tambaleante, y no pasa nada. Siempre puedes acudir a tus amigos(as) para que te apoyen, y puedes recordar que escribí este libro para ti porque quiero que triunfes; lo podemos lograr juntas.

Por favor, hazme un favor, cierra los ojos y hazte una promesa. Prométete que vas a seguir creyendo en ti misma, que vas a seguir intentando cosas nuevas y que vas a seguir creciendo y aprendiendo. Cuando tienes confianza, ¡puedes hacer cualquier cosa! Ahora, ¡esperaba que pudieras darme un último "high five" virtual como miembro oficial del equipo Confianza! Antes de que te vayas, aquí tienes un mensaje rápido de Leonora...

Hola, amigas, ha sido genial conocerlas, y estoy muy agradecida de que Marta me haya dado esta oportunidad única. Espero de verdad que hayan aprendido mucho de este libro, que hayan encontrado su estilo único y que estén aprendiendo a ser más seguras. Quiero que recuerdes que lleva tiempo desarrollar la confianza; tienes que trabajar en ello y seguir practicando.

La buena noticia es que tienes todo lo que necesitas aquí mismo, en este libro; lo único que tienes que hacer es ponerlo en práctica. Algunos días serán mejores que otros, pero los días que no te sientas con plena confianza en ti misma, acuérdate de mí. Piensa, si Leonora lo hizo, ¡yo también puedo hacerlo! Sé que no te conozco, pero todos los que leen este libro son mis amigos(as), y los tengo a cada uno de ustedes bien guardaditos(as) en mi corazón. Quiero que persigas tus sueños, que seas auténtica y te conviertas en la persona con más confianza que puedas ser. Yo seguiré con ustedes trabajando en mi confianza!!

SIGUE BRILLANDO.

Adiós por ahora. *xoxoxo*

¡¡gracias POR LEER MI LIBRO!!

Espero que hayas disfrutado con este libro y que te beneficies de poner en práctica las HERRAMIENTAS PARA LA CONFIANZA de las que hemos hablado.

Me haría muy feliz que dedicaras dos minutos a **dejar una reseña en Amazon.**

Ayudarás a otras chicas más jóvenes a descubrir este libro.

Gracias por ser parte de este viaje.

Tu apoyo al leer este libro es muy valioso para mí.

Saludos afectuosos. Marta

Referencias

Libros

Bernstein, B. (2013). Guía del éxito para adolescentes: Cómo estar en calma, confiada y centrada. Familius.

Downshire, J., & Grew, N. (2014). Adolescentes Traducidos: Guía de Supervivencia para Padres. Random House.

Snow, S., & Reed, Y. (2013). ¡Los adolescentes tienen estilo! Programas de Moda para Jóvenes Adultos en la Biblioteca. ABC-CLIO.

Sokol, L., & Fox, M. (2009). Piensa con confianza, ten confianza: Un Programa de Cuatro Pasos para Eliminar las Dudas y Conseguir Autoestima para Toda la Vida. Penguin.

Van Noord, M. (2019). Autoayuda para Adolescentes: Entrenamiento en Confidencia, Asertividad y Autoestima (3 en 1) Técnicas sencillas y probadas para convertirte en tu yo con Confianza (para chicos y chicas). Help Yourself by Maria Van Noord.

Zakaria, N. (2016). Ropa para niños y adolescentes: Antropometría, Tallas y Ajustes. Woodhead Publishing.

Websites

https://www.apparelentrepreneurship.com/how-to-create-a-fashion-mood-board/

https://yourteenmag.com/family-life/communication/ways-to-improve-communication

https://raisingchildren.net.au/pre-teens/communicating-relationships/communicating/active-listening

https://www.teenlife.com/blog/6-ways-boost-your-teens-creativity/

https://www.channelkindness.org/25-random-acts-of-kindness/#:~:text=Be%20a%20positive%20role%20model,can%20always%20be%20an%20ally.

https://raisingchildren.net.au/teens/mental-health-physical-health/about-mental-health/self-compassion-teenagers

https://www.happierhuman.com/positive-affirmations-teens/

www.ingramcontent.com/pod-product-compliance
Lightning Source LLC
Chambersburg PA
CBHW071327140726
47996CB00005B/1862